L'IDENTITÉ DU DROIT AFRICAIN
LE SOCLE DE L'ÉGYPTE ANTIQUE

Ousmane Niang Mbaye

L'IDENTITÉ DU DROIT AFRICAIN
LE SOCLE DE L'ÉGYPTE ANTIQUE

P.U.D.

L'Harmattan Sénégal

Camp Jérémie. BP: 5713 Dakar - Fann, Sénégal.
Email: pud@ucad.sn. Tel: +221 338242448 - Fax: +221 338644545

10 VDN, Sicap Amitié 3, Lotissement Cité Police, DAKAR

senharmattan@gmail.com
senlibrairie@gmail.com

ISBN : 978-2-343-21334-7
EAN : 9782343213347

À la mémoire de ma mère Abibatou Niang

« Quand on ne sait pas où l'on va,
Il faut savoir d'où l'on vient »
– Proverbe walaf –

REMERCIEMENTS

Ma gratitude à :

- Messieurs les Professeurs Amadou Aly Mbaye, Recteur de l'Université Cheikh Anta Diop de Dakar et Alassane Kanté, Doyen de la Faculté des Sciences Juridiques et Politiques pour leurs talents de bonne administration et leur qualité constante d'enseignants conscients du rôle de la recherche. Ils ont permis la réalisation de cet ouvrage.

- Monsieur le Professeur Ibrahima Thione Diop, Conseiller spécial du Recteur de l'Université Cheikh Anta Diop de Dakar pour ses qualités humaines d'honneur et de loyauté qui ont été à la base de notre profonde amitié.

Cet ouvrage a bénéficié du soutien financier du Rectorat de l'Université Cheikh Anta Diop de Dakar

SUMMARY

With other ones, this paper focusses on the topic of the identity of African Law taken as a whole. The initiators for a debate on that topic have formulated the theme as it follows : « What is the identity of African Law ? ». This question is of importance for african countries which deal with the need of appropriate legal rules to ensure economic and social development. Indeed, after 60 years of independence, the majority of African States which inherited the legal systems of their colonizing countries, encounter serious difficulties for two main reasons : 1) it is considered that the current law systems they inherited don't meet their real situation in terms of unefficiency to outline the economic and social development framework and 2) as a matter of fact, less than a misunderstanding, there is the populations'reluctance to comply with those « borrowed legal systems » introduced by colonization.

As remedy, the idea was then born to lean on the true identity of African Law in order to have solid grounds capable of producing beneficial legal reforms.

Starting from the point that who says identity says culture, this latter concept needs therefore to be questioned since it describes and abides what is known as the collective personality of a country or group of countries. In that prospect, it is worthnoting that Law by its nature of social science cannot be seen only as a set of rules. A good understanding of legal rules requires to be full of the entire legal system which generated them. Said differently, it is fundamental to grasp the general principles underlying those rules, principles which derive from how a given community interprets her own environment and the representation she has of what is fair or unfair, just or unjust, fundamental or incidental. Thus, an insight into the cultural identity of the african continent. The cultural identity having been judiciously defined by Pr. Cheikh Anta Diop of Dakar University according to three factors which contribute to its formation : an historical factor, a linguistic factor and a psychological factor. The prerequisite for what should be the source of inspiration for african lawmakers requiring as already said a good understanding of cultural identity. Such understanding being, in our mind, the key to open a new perspective.

Let's say quickly that this task has been eased by the remarkable work of Cheikh Anta Diop, egyptologist, renowned scientist and pioneer of the African Egyptology School. Through his studies and writings based on the sole ground of science, the senegalese Professor provided all the evidence from linguistic to archeological, from the historical to the philosophical that the civilization of ancient Egypt was not only black but also deeply rooted into the negro-african cultural world for all that is of its writing, its culture, its temperament and its way of thinking. Facts internationally accepted by all the participants to the famous

UNESCO Colloquium on Egyptology which took place in Cairo in 1974. From there and for practical purposes, the senegalese scientist could wisely advise his fellow compatriots that « Ancient Egypt is to the rest of black Africa what ancient Greece and Rome are to the Western world ». Ancient Egypt appears therefore as having to be the inspiring source for black Africans and countries in that these ones are the rightful heirs to its legacy. The series of foreign invasions undergone by Egypt are the only explanations of the exile of the true indigenous populations from the Nile valley towards the rest of the continent.

So, under the umbrella of irrefutable evidence of genetic links between ancient Egypt and black Africa, we've explored the antique Law with the wide range of legal materials unearthed from archaeological excavations such as contracts of various kinds, civil or judicial proceedings, edicts of Pharaohs, lawsuits, administrative reports but also tales, prophecies, books of wisdom doing with Law. Despite its antiquity, we must recognize that egyptian law is surprisingly modern in its provisions, specially when compared with other countries' laws contemporary to it. Going further, we can even measure all the influence egyptian law exerted on the legal systems that prevail in today's world namely civil law and common law.

More than 5,000 years ago, the principles of Freedom of Speech, Rule of Law, Due Process of Law, Equal Protection of the laws, Right to a Fair Trial etc. were already and firmly established. In fact, through their cosmogony, philosophy, religion and scientific knowledge, ancient Egyptians had developed principles and rules of life which allowed them to tackle and solve issues very similar to those faced by African countries today in the fields of judicial system, family law, Land status and land tenure, good governance, etc. We can take as example the said « principle of maat » imposing on the Pharaohs and officials of the High Administration an irreproachable behavior i.e an absolute obedience to the rules of good governance as we understand it today. A reconciliation with this past is necessary not in the intent of claiming a glorious past but because it is a condition of rebirth after the long period of decline and degradation suffered by the black continent which made its inhabitants forget who they were once.

To end with, this article has been divided into two parts. The first one called « The original breeding ground of African Law » intended to put the reader in the context of ancient Egypt in revealing the principles of the Law we were studying and which are so close and so specific to the negro-african mentality. The genetic relationship between the ancient egyptian language and wolof (native senegalese language) has been largely used for this purpose.

The spirit of the second part was the same, except that we went more into details by taking examples of rules and institutions. This led us in the first sub-part and separately to visit the Land regime in ancient Egypt, the modes of exploitation and the Judicial organization in general. We then put an emphasis on the real condition of people (principally the women, the children, people in bondage) by comparing with what was happening elsewhere at the same time. The last sub-part mainly consisted in making a plea to show the usefulness for african lawyers to return intellectually to ancient Egypt as an inspiring source.

AVANT- PROPOS

Cet opuscule a une histoire.

Il est d'abord le produit de notre passion pour l'égyptologie datant de notre éveil à la conscience morale et politique, c'est-à-dire à l'âge où surgissent des interrogations sur sa propre identité et sur la place de son environnement dans le monde. Nous ne sommes pas égyptologue pour autant.

Il y a en second lieu le respect de nature intellectuelle, avant une quelconque admiration, que nous avons pour le Professeur Cheikh Anta Diop, pionnier de l'école africaine d'égyptologie.

Pour bien comprendre l'interaction de ces deux points qui nous ont motivé, il est important voire capital de rappeler et de se rappeler que la rencontre entre le Professeur Cheikh Anta Diop et le milieu fermé de l'égyptologie, a pour origine une provocation à laquelle le premier a répondu. Provocation émanant de certains milieux égyptologues et qui consistait à nier le caractère négro-africain de la civilisation égyptienne antique. Dans cet aéropage, trônaient des spécialistes qui, de bien mauvaise foi, avaient pour principal objectif de légitimer et de voir perdurer l'asservissement du monde noir que les vicissitudes de l'histoire de l'humanité ont précipité dans le déclin, la dégradation et le mépris. De tout l'arsenal déployé par les négationnistes d'une Égypte noire, se trouvait une compilation de manipulations mentales et de falsifications matérielles contrevenant à toutes les règles éthiques. Dans tous les cas, que ce soit de façon consciente ou non consciente, coupable ou innocente, ce négationnisme une fois devenu vérité générale aurait conduit à priver ce monde noir (dont on reconnaissait à peine l'humanité) d'un héritage culturel dont la résurrection était nécessaire pour toute tentative de renaissance du continent.

C'est contre cette agression, aux effets pernicieux et pervers dont l'enjeu n'était pas perçu par la quasi-totalité de l'intelligentsia africaine de sa génération, que le savant sénégalais a mené la lutte jusqu'au terme de sa vie. La brutalité de la riposte du camp d'en face se matérialisant par une conspiration du silence et un ostracisme qui l'ont frappé jusque dans son propre pays, est bien la preuve de la pertinence de son combat et de la mauvaise conscience qu'il installait chez ses contradicteurs agacés.

Se résignant à sa solitude, n'attendant ni validation ni approbation de « sachants », le Professeur Diop arriva finalement, par le sérieux de ses travaux, à contraindre la société des négationnistes et idéologues de la communauté internationale à reconnaitre, bien souvent malgré eux, la vérité historique.

Voilà pour ce qui est des faits.

C'est la raison pour laquelle nous parlions de respect plutôt que d'admiration béate. Son humilité et son abord facile, qualités rares et si peu comprises par les médiocres, se seraient opposés à toute forme d'apologie. Ceci ne peut cependant pas nous empêcher, par devoir de mémoire pour les jeunes générations, de porter un témoignage sur l'intelligence avec laquelle il a porté à bout de bras la cause de l'Afrique, quasiment seul, avec un courage physique et une intégrité sans faille. À cela, il faut ajouter sa bienveillante patience à l'endroit de nombre de ses compatriotes avides d'honneurs et de gloire futiles, en décalage avec la situation réelle de leurs peuples. Il en est toujours, aujourd'hui encore, qui croient naïvement que la frénésie continuelle des fouilles en Égypte (menées par les universités et laboratoires des mondes occidental et asiatique) ne vise qu'à satisfaire la curiosité et le plaisir de remueurs d'un passé aujourd'hui éteint.

On peut à ce titre, sans risquer d'être superficiel, le qualifier d'intellectuel au véritable sens du terme c'est-à-dire d'avoir été un créateur de savoir utile, au service non seulement de son continent, mais pour tout humain de bonne volonté. Nous nous devons de dire à ce niveau qu'indépendamment des études sur le devenir de l'Afrique qui lui est si chère, la bibliographie de Cheikh Anta Diop embrasse des domaines variés touchant l'humanité toute entière et que nous donnons à minima : la géopolitique et l'équilibre des forces dans le monde, la survie de l'espèce humaine face à la dégradation des écosystèmes, l'avenir de la perception par l'homme de son prochain à l'heure du déclin des idéologies, etc.

Il en est jusqu'aux sciences exactes, où le Professeur Diop, après avoir lesté généreusement nos esprits néophytes d'un bagage scientifique minimal, nous permet de reconfigurer notre compréhension du monde devant les avancées scientifiques avec tous leurs effets sur la pensée et la conscience humaine. (***Philosophie, Science et Religion, Les crises majeures de la philosophie contemporaine*, Actes du colloque philosophie et religion des 7-8 juin 1982, Revue sénégalaise de Philosophie, 1984, Les Nouvelles Éditions africaines**). Tel est le cas lorsqu'il nous rend intelligible le débat sur l'incompatibilité entre la physique classique (théorie de la relativité générale) et la physique quantique (mécanique des quanta) que l'on croirait à première vue complètement étranger à nos préoccupations. Et pourtant, il soulève de graves questions d'ordres philosophique, métaphysique, existentiel et religieux. La possibilité d'observation de « l'infiniment petit » offerte par la physique quantique, qui a permis de déceler le comportement imprévisible des particules élémentaires, a fortement remis en cause les certitudes mathématiques qu'avait depuis longtemps établies la physique classique. Autrement dit, l'élément d'indétermination ou d'incertitude introduit par la physique quantique a bouleversé le schéma ou lieu commun de maîtrise avérée de la matière et d'objectivité des lois physiques dégagées par la physique classique qui s'appuie, elle, sur « l'infiniment grand » pour étudier les structures de l'univers. Certains milieux spécialistes, dont des nobélisés, n'hésitent pas à parler de crise de la raison et même de déclin du déterminisme. Si l'on sait qu'aussi énorme que soit une matière ou une structure, elle est composée d'un agrégat de particules infinitésimales, on comprend aisément l'antagonisme des physiciens des deux camps au vu de la perception du monde et de l'explication des phénomènes différentes qu'ils donnent. Autant de questions abordées par le savant sénégalais qui, tout en donnant son avis, cherche avant tout à ce que tout un chacun se détermine dans son centre d'intérêt intellectuel en toute connaissance de cause.

Pour clore sur la question de ce savoir que nous baptisons utile, il est simplement dommage que le rite du rappel à son souvenir, fasse état chaque année en grands titres dans les journaux, de « l'intemporalité » de sa pensée, ou de « l'actualité » de sa pensée. Bien que prononcées dans le but de rendre honneur à l'homme d'action, ces déclarations sont le signe d'une inertie ou d'une paralysie vis-à-vis de son œuvre. En effet, si sa pensée est « intemporelle » ou d'une « actualité permanente », c'est bien parce que les problèmes de l'Afrique perdurent et que les remèdes qu'il préconisait pour les solutionner n'ont non seulement pas fait l'objet d'une tentative d'application mais ne sont même pas encore envisagés,

Pour revenir au plus près de notre travail, il convient de signaler qu'à l'inverse des naïfs (ceci dit sans méchanceté ni prétention), il est des personnes, certaines bien intentionnées d'ailleurs, qui, tout en étant convaincues par la vérité historique rétablie, ne peuvent s'empêcher d'être dubitatives quant à la nécessité d'un retour en Égypte pour le règlement du sous-développement économique du continent. Cette question a l'avantage de mettre en exergue les liens ténus, auxquels ne font pas suffisamment attention les questionneurs, entre le phénomène culturel d'une part et d'autre part le niveau d'évolution de tous ordres d'un pays ou d'un groupe de pays. À ce titre, la réponse apparait comme fort simple. En effet, autant toute idée de génération spontanée est irrecevable, autant doit être écartée toute idée tendant à ignorer voire minorer l'impact de la culture dans un processus d'évolution positive.

Prenons pour unique exemple le rôle joué par la culture dans l'essor des sciences et techniques. Il n'échappe à personne qu'à la base des nombreuses inventions techniques, se trouvent des rêves anciens et des mythes. Dans la culture occidentale, il est fréquent de citer le mythe d'Icare qui fut réalisé par l'invention de l'avion à la fin du 19e siècle, de celui de Prométhée auquel on rattache la maîtrise de l'énergie nucléaire en 1942, du mythe de Golem qui aurait abouti à l'éclosion de la cybernétique en 1947 ou de celui de la tour de Babel rapporté par la Bible expliquant aujourd'hui l'érection des « gratte-ciel ».

La liste pourrait être allongée à l'envi (les sous-marins inspirés des engins décrits par Jules Verne dans « Vingt mille lieues sous les mers », les hommes-grenouilles du mythe des sirènes de la tradition homérique, etc.). Les exemples tombent à foison mais ne nous retiennent que pour montrer toute la part prise par la culture dans la trajectoire des peuples, elle qui construit les mythes et les rêves. Vus sous cet angle, ces mythes ne sont pas comme on le voit, de simples contes mais de « véritables expressions d'une détermination à agir », aptes « à mobiliser les passions et l'imagination » et surtout à faire que les hommes qui en ont été instruits poursuivent des rêves de progrès en rendant possible dans le futur ce qui semble inimaginable présentement.

Nous analysons bien sûr ici le mythe dans sa fonction structurante de l'imaginaire ou pour le moins dans sa capacité d'instaurer un climat sinon une atmosphère propice pour les défis ou idées qu'il porte. Le rapport avec l'Égypte antique apparait dès lors évident. Cette brillante civilisation toute de philosophie, de morale, d'art, de science ou de technologie avancée, s'est bâtie sur une cosmogonie et des mythes porteurs. Le lecteur aura compris qu'il ne s'agit pas pour nous d'en appeler à une création artificielle de mythes. Loin de là. Nous disons simplement, après d'autres, qu'il est nécessaire de réconcilier les peuples d'Afrique avec ce patrimoine culturel conforme à leur véritable identité collective, point d'appui à une renaissance effective, en lieu et place de ces traditions et coutumes présentées comme la quintessence de la culture africaine alors qu'il ne s'agit que de folklore.

Ceci se fera en rendant accessible le « roman national ou culturel » qui n'a pas besoin d'être inventé mais seulement ramené à la vie en l'enseignant puisque toutes les données sont disponibles et les preuves suffisamment rapportées. Le lecteur sera encore pris à témoin pour constater avec nous l'existence de nombreux mots de l'égyptien ancien qui ont certes survécu en walaf (pour ne prendre que cette langue du Sénégal) mais qui ont perdu, à cause du déclin, leur magie première d'expression abstraite. Ces mots qui décrivaient des concepts intellectuels d'ordre philosophique ou scientifique, ne décrivent plus aujourd'hui que des réalités simples et concrètes.

Voilà simplement dit, nous le croyons en tout cas, le procédé à mettre en place sans préoccupation immédiate quant à l'existence, dans cette Afrique actuelle tourmentée et en manque de repères, d'esprits créatifs ou inventifs qui le saisiront. Nous sommes convaincus qu'une des lois intangibles de la nature est d'avoir doté tout peuple quel qu'il soit, des compétences humaines en puissance dans tous les domaines et prêtes à porter leur collectivité dans la voie du progrès. L'essentiel est de créer, par une volonté sérieuse et non équivoque, les conditions de réappropriation d'une histoire glorieuse d'une culture qui était tournée vers le progrès, en restant fidèle au leitmotiv assigné par le Pr Cheikh Anta Diop à l'intelligentsia africaine, à savoir « étudier le passé non pour s'y complaire mais pour y puiser des leçons ».

C'est tout l'objet de cet opuscule.

Signes	Translittération Gardiner	Translittération JSESH	Alphabet Walaf
𓄿	ꜣ	A	a
𓇋	i̓	i	i
𓇌	y	y	y
\ \	y	y	y
𓂝	ꜥ	a	ë
𓅱	w	w	w
𓃀	b	b	b
𓊪	p	p	p
𓆑	f	f	f

	m	m	m
	m	m	m
	n	n	n, ñ
	r	r	r
	h	h	x
	ḥ	H	X
	ḫ	x	x/q
	ẖ	X	X/Q
	s	s	s
	s (ou ś)	s	s
	š	S	sh
	ḳ	K	k
	k	k	k
	g	g	g
	t	t	t
	ṯ	T	c/cc
	d	d	d
	ḏ	D	j/jj

INTRODUCTION

S'interroger sur la question de l'identité du droit africain appelle à définir d'abord le mot « identité ». Si ce mot a plusieurs sens, certes voisins mais nuancés dans les différentes matières juridiques, il est mis ici en parallèle avec le Droit entendu dans sa dimension globale et abstraite d'entier système de principes et de règles organisant l'État. De ce fait, la relation Droit/Identité constitue un élément de réflexion entrant dans le cadre plus global de l'identité culturelle ou personnalité collective d'un peuple ou d'une nation.

De l'excellente définition donnée par le Pr Cheikh Anta DIOP, il ressort que l'identité culturelle repose sur trois facteurs qui la forgent : un facteur historique, un facteur linguistique et un facteur psychologique.

C'est armé de ces préalables que nous croyons qu'il existe deux postures sinon deux perceptions possibles pour disserter sur l'identité du Droit africain. Chacune offrant une solution différente pour le règlement de l'épineux problème posé.

Ainsi un postulat de départ pourrait s'appuyer sur la conviction que le Droit africain c'est-à-dire l'ensemble des règles d'organisation sociale et économique adoptées par les Africains dans la conduite de leur destinée, seraient dépourvues d'identité tandis que le second postulat partirait de l'idée que le Droit africain en possèderait bien une, mais qu'elle serait seulement inconnue. Dit autrement de deux choses l'une :

- soit croire que le Droit africain tel que défini n'a pas d'identité originelle et que donc l'exercice de la quête dont il est l'objet consisterait à lui trouver une âme afin de lui assurer une pleine efficacité d'action. La quête d'identité traduisant l'aveu d'être en présence de règles sèches, inefficaces en tout cas à répondre aux exigences de marche forcée vers le développement pour cause de défaut d'âme. En résumé, un Droit dont l'ossature de règles et principes n'ont pas été une bonne formule.
- soit croire au contraire que ledit Droit dispose d'une identité, d'une âme qui lui est propre. La difficulté étant qu'on l'ignore, parce qu'effacée de la mémoire collective du fait des nombreux traumatismes et agressions culturelles subis par les peuples africains au cours de leur histoire. L'exercice de la quête serait dans ce cas, non seulement de la redécouvrir mais aussi et surtout d'ambitionner de la restaurer, ceci afin de fournir aux décideurs africains l'entendement suffisant pour des réformes idoines s'adaptant aux exigences du développement.

Dans tous les cas, après 60 ans d'indépendance, le simple fait de poser le problème d'une quête d'identité pour le Droit africain, par quelque bout qu'on le prenne est suffisamment révélateur d'une impasse voire même pour parler de façon triviale d'un constat de rouages grippés.

Nous dirons de suite que notre préférence va à la seconde proposition. Le rejet de la première tenant au fait qu'elle entreprend la création artificielle d'une identité au service d'une quête divinatoire de ce qui doit être. Elle a aussi à notre avis le désavantage de nier la complexité de la règle de droit. En effet, celle-ci ne saurait être assimilée à une formule mathématique apte à résoudre, par application mécanique, une équation qui s'appellerait les relations historiques, économiques et sociales. D'où la portée dérisoire de l'expression « d'adaptation du Droit à nos réalités » lorsqu'elle ne traduit que la détresse intellectuelle à ne pas trouver de solutions à des pesanteurs et difficultés d'un quotidien immédiat. Sans nier l'importance de la règle, force est de reconnaitre que le Droit est avant tout le produit pour un peuple donné de sa conception du monde, le produit de ce qui pour lui est juste ou injuste, équitable ou non équitable, fondamental ou accessoire. Il est donc intimement lié à la culture d'une collectivité particulière. Le terme Culture étant employé ici dans sa stricte rigueur scientifique. La culture ne se confondant pas avec les coutumes, usages ou traditions qu'elle englobe. Pour cause et pour exemple, l'Europe regorge d'autant de coutumes ou traditions qu'elle a de peuples, mais eux tous partagent la même culture indo-européenne ou dite judéo-chrétienne. Il en est de même pour l'Amérique Latine ou l'Asie. Idem par les peuples africains ayant certes des traditions ou coutumes différentes, dues à des environnements différents mais partageant tous une même culture négro-africaine. Culture négro-africaine qui dérive directement de la civilisation de l'Égypte ancienne, un fait certes longtemps avéré et revendiqué mais largement admis lors du Colloque du Caire sur l'égyptologie organisé par l'Unesco en 1974.

L'intérêt du retour à l'Égypte antique tient au fait qu'on réalise encore aujourd'hui difficilement le degré de modernisation et de sophistication de son droit, lequel reposait sur des principes de haute valeur morale commandée par les conditions de vie du peuple d'alors. L'une des particularités essentielles de l'Égypte ancienne que l'on peut retenir est assurément d'avoir instruit par sa philosophie et ses règles juridiques tous les peuples qu'elle a dominés pendant des millénaires, et que l'on présente pourtant étonnamment de nos jours comme les fondateurs du Droit moderne. Un autre élément à mettre à l'actif de l'ancienne Égypte est aussi le fait qu'elle soit restée une source d'inspiration bien que sous la férule des dynasties étrangères qui finirent par la vaincre. Situation paradoxale donc, que de voir des conquérants s'inspirer et adapter leurs Droits à celui du pays conquis aussi bien dans le domaine du droit privé que du droit public.

Le sujet sur l'identité du Droit africain sera abordé sous un angle anthropologique, privilégiant de ce fait une approche sociale et culturelle, en faisant une large place à la sociologie juridique et à l'histoire du Droit. En effet, eu égard au besoin de contextualisation du Droit africain et au rôle que ce Droit doit jouer dans la construction nationale, c'est son interaction avec l'identité culturelle négro-africaine qui est apparue comme plus pertinente.

Notre problématique s'articulant ainsi autour du lien Droit/Culture (le premier étant pris dans sa dimension abstraite de système d'organisation sociale plutôt que de simple corps de règles), on peut dire que c'est tout naturellement que nous nous sommes installé dans le sillage de la pensée du parrain de l'Université de Dakar. Ses travaux qui ont achevé de démontrer les liens culturel, linguistique et génétique entre l'ancienne Égypte et le monde négro-africain, offrant une base d'appui solide pour qui ambitionne de travailler scientifiquement.

Il se trouve en effet que, malgré les migrations et la durée qui séparent la plupart des Africains d'aujourd'hui de leur patrie d'origine, la manière de penser, la conception du monde et les schémas organisationnels restent les mêmes. C'est ce qui nous amène à croire que seule l'exploration du berceau juridique datant de l'ère pharaonique, riche des outils intellectuels exhumés et consultables, pourra permettre de penser un Droit africain débarrassé du « mimétisme pragmatique » qui le mine.

Le problème avec le mimétisme étant qu'il paralyse la liberté et l'indépendance d'esprit, aussi brillant que cet esprit puisse être. Vis-à-vis des règles et principes adoptés par emprunt, l'esprit se fige et les restitue comme tels lors des enseignements ou lorsqu'arrive l'heure de les appliquer. L'activité intellectuelle déployée dans ces conditions, sollicitant plus les capacités de la mémoire que réveillant l'esprit critique et analytique. Dans notre cas, ce qui passerait pour le sel de la farce si le mimétisme n'était pas un drame, voire une tragédie, est qu'une grande partie des règles et principes que l'on « importe » sont directement issus du passé juridique de « l'emprunteur » lui-même. Il en est ainsi par exemple des règles dites de bonne gouvernance de façon générale, de celles relatives aux droits de l'homme et de multiples autres si tant est qu'on se donne la peine de les rechercher. Nous ne manquerons pas de le faire tout au long de ce travail.

Il est de notre conviction que c'est en étant pleinement conscient de l'origine de toute règle de droit, des circonstances de son éclosion, surtout lorsqu'elle apparait moins « étrangère » qu'il ne semble, que l'on pourra réellement être créatif à son endroit en termes d'amélioration ou de réserve parce que l'on se sera donné un droit d'inventaire. Un inventaire qui passe par la connaissance de soi.

Si ce n'est pour faire du droit comparé, ce qui est autrement plus sérieux, on se demande bien à quoi rime, en tant que juriste-chercheur africain, d'être à la remorque d'actualités et concepts juridiques étrangers sans résonance ni incidence dans la réalité concrète de son environnement.

On peut bien sûr faire fi de nos propos en se convainquant de l'inéluctabilité pour un État accédant à l'indépendance de s'inspirer du système juridique qui l'a régenté pendant tout le temps où il était sous tutelle. Quelque esprit malin pourrait même y voir un nationalisme juridique de mauvais aloi. On en ressortira très policé certes, récitant de bonnes leçons bien apprises, solidement installé dans un décorum. Ceci n'empêchera cependant pas de se poser ultimement, en toute bonne conscience, des questions sur l'utilité réelle de son apport à la science juridique.

Se pose à présent la question de savoir pourquoi préconiser un retour en Égypte ? Pour la simple raison qu'il offre l'opportunité de prendre la pleine mesure de notre situation actuelle si peu reluisante, ensuite de comprendre les causes objectives d'un retard et d'une régression sur bien des plans après pourtant avoir dominé le monde et enfin de tirer des leçons d'avenir pour mieux exister. À chacun son héritage. Autrement dit, concéder et reconnaitre au monde occidental l'apport du droit gréco-romain qui leur a si bien réussi et quant à nous Africains, puiser notre inspiration dans le droit égyptien antique qui nous réussira.

Pour finir, il n'échappera aux yeux de personne et encore moins à ceux des spécialistes que nous ne sommes pas égyptologue. Nous sommes cependant très intéressé par l'égyptologie pour toutes les raisons déjà annoncées et à venir. Parmi les plus importantes, celle de parvenir à (re)tisser les fils de la continuité historique dans le domaine du Droit. L'égyptologie offre à ce niveau de formidables pistes de réflexion.

Ouvrons à présent dans un premier temps la porte du Terreau originel du Droit africain par une première partie qui sera divisée en deux sous-parties consacrées tour à tour au berceau juridique (Chapitre I) et à la structure générale du droit égyptien antique (Chapitre II). Dans le cadre d'une seconde partie qui portera sur le Droit positif en ancienne Égypte, nous entreprendrons de présenter deux types bien définis d'organisation de la vie publique égyptienne (Chapitre I) pour finir avec l'état des personnes suivi d'une analyse critique du droit égyptien (Chapitre II).

PREMIÈRE PARTIE
LE TERREAU ORIGINEL DU DROIT AFRICAIN

L'interrogation sur les racines du Droit africain n'est pas chose nouvelle. On peut citer à cet effet pour des lectures enrichissantes l'article du Pr Abdel Kader BOYE aux Mélanges Gonidec : « *Ce que dire le droit international veut dire ou comment et par qui s'élabore le droit international* » et les ouvrages du Pr Guy A. KOUASSIGAN : « *L'homme et la Terre* » et « *Quelle est ma loi ?* » parus il y a un certain nombre d'années[1]. Beaucoup plus proches sont les études tout aussi sérieuses et documentées de nos collègues et amis : Mme Fatou CAMARA et le juge M. Ameth DIOUF traitant de la condition juridique de la femme africaine, sujet qui n'est en fait que la partie émergée d'une analyse plus approfondie de la société africaine[2].

---

[1] Abdel Kader Boye, « Ce que dire le droit international veut dire ou comment et par qui s'élabore le droit international », Mélanges Gonidec, Paris, LGDJ, 1985.

- Guy- A. Kouassigan, « L'homme et la Terre », Thèse pour le Doctorat en Droit, Université de Toulouse, 1962 et « Quelle est ma loi ? », Ed. Pedone, 1974.

[2] Fatou Kiné Camara, « L'union matrimoniale dans la tradition des peuples noirs », en collaboration avec Saliou Kandji, Ed. L'Harmattan, 2000 et

Les travaux que nous venons de citer, au-delà d'être de simples exercices d'histoire du droit, trouvent leur intérêt dans leur prospective. En effet, ils ont le mérite de s'adosser à l'histoire générale du peuple négro-africain dans sa cosmogonie et dans ses modes de vic pour restituer les causes de ce que l'on peut appeler la « *disharmonie juridique* » du présent pour fournir les pistes de réflexion sur ce « *qui devrait être* » au plan juridique.

Il convient de préciser que les sources de découverte de l'identité du droit africain que nous situons en Égypte ancienne sont multiples. Une fois n'est pas coutume pour qui est confronté aux multiples problèmes de la recherche en Afrique. Par bonheur, l'écriture hiéroglyphique ou démotique caractéristique de l'Égypte antique, a laissé des traces que l'on exhume au gré des fouilles archéologiques et ce, jusqu'à nos jours : contrats privés, actes de procédure civile et judiciaire, procès, édits de pharaons, rapports administratifs, livres de sagesse et prophéties, romans, poèmes, contes, etc. Tout un ensemble de documents écrits d'une valeur incalculable. À cela s'ajoutent les témoignages historiques de première main obtenus sous l'égide des Grecs (Manéthon) ou directement par d'autres Grecs tels Hérodote et Diodore de Sicile[3] qui ont visité une Égypte,

« Pouvoir et justice dans la tradition des peuples : philosophie et pratique. », Ed. L'Harmattan, 2004.

- Ameth Diouf, « La gens de droit maternel ou la famille matriarcale », Ed. L'Harmattan, 2016.

[3] Manéthon de Sebenytos, prêtre égyptien, auteur d'une Histoire de l'Égypte en 3 Volumes en grec du temps de Ptolémée, IIIe siècle av. J.-C.

certes sous domination étrangère, mais toujours imprégnée des traditions juridiques des Égyptiens de race. Il est donc possible, par la magie de cette pléthore de documentation, de faire un bond dans le passé pour nous replonger dans le territoire physique de cette Égypte qui a vu éclore les principes de vie et d'organisation sociale.

- Hérodote, historien et géographe grec (il visita l'Égypte au 4e siècle av. J.-C., sous la domination perse), Livre II de l'Enquête II, constitué de deux parties : l'une géographique, l'autre historique.
- Diodore de Sicile, historien grec, visita l'Égypte au milieu du 1er siècle av. J.-C. sous la monarchie grecque des Lagides, soit 4 siècles après Hérodote, Livre I de la Bibliothèque historique.

CHAPITRE PREMIER

KEMT, LE BERCEAU JURIDIQUE AFRICAIN

Pour le bond dans le passé que nous nous sommes promis, il importe de circonscrire concrètement la sphère territoriale et humaine d'application du système juridique égyptien qu'il s'agit d'étudier avant de révéler les enjeux liés à la quête d'identité que nous poursuivons.

Synthèse des données physiques et humaines

Le contour territorial et la défense du territoire

De son véritable nom Kemt () ou le pays des noirs, peuplée par les Kemtyu (), l'Égypte ancienne a pris forme autour de 3150 avant J.-C., avec l'unification politique des royaumes de Haute-Égypte, au sud (le midi) et de Basse-Égypte, au nord (le Delta) par le roi légendaire Narmer/Ménés, fondateur de la 1ère dynastie.

Son territoire est assez semblable, au niveau des frontières, à l'Égypte actuelle délimitée au nord par la mer Méditerranée, au sud par la 1ère cataracte du Nil, à l'ouest par le désert de Lybie et à l'est par le désert du Sinaï. Entourée de déserts, la population égyptienne se concentrait et évoluait sur tout le long du cours inférieur du Nil, c'est-à-dire la partie de son parcours allant de la vallée étroite qu'est la Haute-Égypte (frontière de la Nubie, l'actuel Soudan) et se terminant par le Delta qui forme la Basse-Égypte avant de se jeter dans la Méditerranée. Cette population a été estimée rétrospectivement par des spécialistes à un chiffre moyen de 7 à 8 millions d'habitants correspondant à une densité de 200 habitants au km2 sur les parties habitables du territoire.[4] Quant à la superficie des terres arables, elle était d'environ 2 millions d'hectares.

Pour ce qui est de la période pharaonique qui nous intéresse, elle court sur une durée d'à peu près 3 000 ans et est généralement découpée sur la frise en 3 grandes étapes : l'Ancien empire (1ère à la 5e dynastie), le Moyen empire (6e à la 20e dynastie) et la basse époque (21e à la 25e dynastie), étapes elles-mêmes entrecoupées de périodes dites intermédiaires correspondant à des moments de troubles et d'anarchie. L'Égypte perdra son indépendance (c'est-à-dire le pouvoir ôté des mains des dynasties de souche égyptienne noire) après ses annexions par les Perses (525 av. J.-C.), puis par les Grecs (Alexandre le Grand en 333 av. J.-C. et Ptolémée [dynastie des Lagides] jusqu'en 30 av. J.-C.) et enfin par les Romains à partir de 50 apr. J.-C.

Les occupations arabe, turque, française et anglaise étant historiquement plus récentes.

Pour la suite des développements, il est impératif de préciser qu'avant ces différentes invasions étrangères, tous les éléments de civilisation et de technologie qui forcent

---

4 Reinhard et Armengaud, « Histoire de la population mondiale », Ed. Montchrestien, 1961. Cité par Cheikh Anta Diop, « Antériorité des Civilisations nègres », Présence africaine, 1967.

l'admiration vis-à-vis de l'Égypte ancienne, étaient en place dès les premières dynasties nationales (notamment entre la 3e et la 4e dynastie) : construction des grandes pyramides de Gizeh, architecture en pierre de taille, maîtrise de la médecine, de la mathématique, de l'art, etc. Entre autres preuves, l'usage attesté du calendrier dès 4236 av. J.-C. avec une année de 365 jours divisée en trois saisons de 4 mois chacune dont le calendrier grégorien moderne n'est que la réplique.

Il est aussi important que le lecteur africain comprenne bien que la série d'occupations étrangères qui ont précipité le déclin de l'ancienne Égypte est l'aboutissement d'un harcèlement méthodique et continu des peuples du Nord (les indo-européens) et Asiatiques (de l'Est) qui, pendant des siècles, avaient pour cible l'Égypte. Toutes les failles ouvertes par les périodes d'anarchie internes ou suscitées par les étrangers furent exploitées.

La première invasion fut celle des Hyksos[5] en 1730 av. J.-C., lorsque des hordes asiatiques (sémitiques), usant d'une brutalité inouïe et de l'effet de surprise, réussirent à surprendre une civilisation plus avancée que la leur. Voici comment Manéthon l'Égyptien décrit le fait : « *À l'improviste, des hommes d'une race inconnue venue de l'Orient eurent l'audace d'envahir notre pays et sans difficulté ni combat s'en emparèrent de vive force. On nommait ce peuple hyksos.* ». En réalité, les hyksos occupèrent le nord du pays

5 =hq3-h3st=Hiq-sttyw=les rois-voleurs. En effet,  = Asiatiques = styw = sacc.

En wolof, le mot sacc (sacca) signifiant voleur, d'où la traduction.

c'est-à-dire la Basse-Égypte tandis que la Haute-Égypte autour du Temple de Thèbes restait entre les mains des rois nationaux égyptiens qui s'y étaient retranchés. Les hyksos furent finalement chassés en 1580 av. J.-C. et l'Égypte réunifiée. Cependant cette présence étrangère de près d'un siècle favorisa l'arrivée de migrants en provenance du Proche-Orient. Ces derniers s'installèrent durablement dans le Delta et y restèrent malgré la reprise en mains de l'entier pays par les nationaux égyptiens et leur réduction à l'état de résidents étrangers de seconde classe voués aux tâches ingrates.

Instruite par cet évènement, l'Égypte inaugura très vite une période de conquêtes hors de ses frontières à des buts préventifs. Thoutmosis III de la 18e dynastie[6] devient le maître du monde antique connu, en soumettant toute l'Asie Occidentale en capturant plus de 350 cités ainsi que les peuples de la Méditerranée orientale jusque sur les bords de la Mer Noire.

Cet âge d'or de la 18e dynastie où l'Égypte régnait sur 110 États vassaux qui lui payaient tribut annuel, fut celui de la diffusion à grande échelle de sa civilisation et de ses institutions. À la suite de Thoutmosis III, la 19e dynastie : celle des Ramessides avec principalement Ramsès II, Méneptah, Ramsès III (de 1279 à 1180 av. J.-C.) qui vont enrayer constamment de fort belle et virile manière toutes les tentatives belliqueuses des coalitions indo-européennes

[6] Baptisé le « Napoléon de l'Égypte antique » par James Henry Breasted, Archéologue américain (1865-1935), « Ancient Records of Egypt. »., ouvrage en 5 volumes, 1906. Spécialement le volume II : la Dix-huitième dynastie.

et asiatiques. Il faut imaginer ces coups de boutoir incessants, s'étalant sur des siècles par des peuples coalisés qui ne lâchaient jamais.

Ces campagnes glorieuses et victorieuses ont entraîné une multitude de prisonniers indo-européens et asiatiques réduits à la servilité. Elle marque la première présence en terre d'Égypte (s'ajoutant aux premiers immigrés du temps des hyksos) d'Indo-européens et d'Asiatiques marqués au fer rouge en qualité d'esclaves[7]. Toute cette masse étrangère alliée aux premiers arrivés, à la merci pourtant des Égyptiens, bénéficiait de la protection des hautes valeurs égyptiennes qui rendaient inimaginable toute idée de génocide. Beaucoup d'entre eux, le temps jouant, devinrent des supplétifs de l'armée égyptienne avec même des grades d'officiers. Cinquième colonne avant l'heure, cette population étrangère a constamment été pendant des siècles l'allié objectif des hordes coalisées du Nord et de l'Asie qui s'abattaient sur l'Égypte soit en préparant les conditions d'invasion soit par des défections au cours de campagnes militaires. C'est certainement le premier échec d'intégration dans l'histoire de l'humanité.

S'il est vrai que « le secret d'ennuyer est de tout dire », ce rappel historique a pour seule ambition de servir de leçon à méditer pour le présent et pour l'avenir.

Le système politique

Un autre fait à retenir concernant l'Égypte ancienne, est celui de la remarquable longévité de ses institutions. Si la

---

[7] Abd El- Mohsen Bakir, « Slavery in pharaonic Egypt », Cairo, 1952, p. 31, 110 note 1.

Grèce ou Rome ont connu dans l'antiquité diverses formes de gouvernement (Royauté, Empire, Dictature, République, Consulat, Triumvirat), on notera concernant l'Égypte que la forme pharaonique de l'État est restée la même. En effet, de Narmer/Ménés que l'on considère unanimement comme le premier souverain de la première dynastie pharaonique au dernier pharaon de la dernière dynastie, il s'est écoulé plus de 3000 ans sans altération de la forme de gouvernement. Une forme que même les souverains étrangers qui s'étaient emparé de l'Égypte sur le tard ont reprise à leur compte. Cette exceptionnelle longévité qui ne saurait s'expliquer ni par le hasard ni par l'apathie d'un peuple docile, témoigne de la confiance que les populations plaçaient à l'endroit des institutions politiques qui les régissaient, seul gage de survie des institutions.

Il faudrait à cet égard se démarquer quelque peu des images renvoyées par la cinématographie vendeuse de rêves, plus encline à montrer la majesté des pharaons que l'on présente souvent comme des rois absolutistes régnant sur un peuple subjugué, taillable et malléable à merci. On découvre au contraire un peuple auteur de la première révolution connue de l'histoire[8] et acteur de mouvements

---

[8] Il s'agit d'un mouvement social d'envergure survenu à Memphis en 2100 av. J.-C. et qui a bouleversé la société égyptienne dans tout le pays. A l'origine de cette révolution dite « osirienne », que certains auteurs n'hésitent pas à qualifier de prolétarienne, le mécontentement des classes laborieuses urbaines dû à la dégradation de leurs conditions de vie. Voir à ce propos Cheikh Anta Diop, « Antériorité des civilisations nègres. Mythe ou vérité historique. », Editions. Présence africaine, 1967, spéc. p. 150 et s. et Bernadette Menu, « Maât, ordre social et inégalités dans l'Égypte ancienne. De l'apport égyptien au

revendicatifs ouvriers organisés, chaque fois que les principes de bonne gouvernance étaient violés. Les informations tirées des fouilles archéologiques depuis de longues années, permettent aujourd'hui d'avoir une vue très précise de ce qu'était la réalité économique et surtout sociale de l'Égypte d'antan. Les mœurs, pratiques sociales et professions, le tout en relation avec les croyances de l'époque, offrent un spectacle non différent de bien de nos sociétés actuelles.

C'est ainsi qu'il apparait qu'il y avait dans la société égyptienne une homogénéité ethnique remontant à l'histoire du peuplement de la vallée du Nil, favorisée par les différentes phases de fédération ou confédération des clans primitifs situés en Haute et Basse-Égypte, deux régions qui finirent par être unifiées sur une longueur de près de 1000 kilomètres comme déjà dit. Il convient d'ajouter à ce décor un substrat culturel et religieux commun. Nous avons donc affaire dès le début à un État central sous l'autorité d'un pharaon exerçant ses pouvoirs directement ou indirectement par ses représentants installés dans les différentes parties du territoire.

La société égyptienne

Les conditions de naissance et de développement de l'État pharaonique ont eu, comme nous le verrons, un impact profond qui a fixé les contours de cette société antique en termes d'organisation et de relations sociales. Ainsi que cela a été déjà dit : « *C'est la spécificité de la vallée du Nil qui a conditionné l'évolution politico-sociale*

---

concept gréco-romain de justice »in Droit et cultures, Revue internationale interdisciplinaire, 2015-1, spéc. p. 58.

des peuples qui se sont engagés à des degrés différents au hasard de leurs migrations. L'ampleur des crues du Nil obligeait tous les habitants de la vallée à faire face collectivement à l'évènement annuel, à régler toute leur vie dans ses moindres détails par rapport à l'inondation. Pour survivre, il était indispensable que chaque clan sortît de bonne heure de son égoïsme. Lorsqu'apparait la crue, aucun clan n'est suffisant pour faire face seul à la situation ; il faut le concours de tous, la solidarité de tous les clans pour la survie de l'ensemble. Ce sont ces conditions de travail qui amenèrent de bonne heure tous les clans à fusionner et favorisèrent l'apparition d'une autorité centrale responsable de la coordination de toute l'activité sociale, politique et nationale. »[9].

Cette inclinaison à la solidarité, forgée lors de l'édification de l'État et imprimée dans la mentalité du peuple, s'est naturellement transplantée dans le vécu quotidien. Il ne s'agit pas ici de solidarité au sens de devoir moral d'entraide bien sûr (quoique recommandée aussi par la morale religieuse) mais plutôt au sens de devoir civique instaurant une discipline collective, vertu cardinale et condition préalable pour avoir une société organisée tendue vers le développement. On ne peut donc s'étonner de trouver, exhumés par l'archéologie, des états-civils de personnes et des états des biens (terres arables et surfaces d'habitation) consignés dans des registres soigneusement conservés dans les temples et constamment mis à jour. Il fallait par exemple être recensé pour pouvoir transmettre

[9] Voir Cheikh Anta Diop, Antériorité des civilisations nègres, op. cit., spéc. p. 243.

des biens immeubles ou pour ester en justice comme nous le verrons plus tard. En résumé, un commandement territorial et une politique d'aménagement du territoire avant l'heure permettant à l'Administration de tirer le meilleur de l'effort collectif. La loi pénale égyptienne punissant sévèrement tous ceux qui ne pouvaient justifier d'un travail et de revenus licites.

Sur le plan professionnel, on trouvait principalement les paysans qui étaient la majorité, les artisans, les spécialistes des différents corps du bâtiment ou d'entretien des ouvrages hydrauliques, les fonctionnaires, les prêtres, les militaires, etc.

Pour terminer sur le plan social, et plus particulièrement pour ce qui est des relations interpersonnelles, nous nous limiterons à deux éléments qui méritent d'ores et déjà d'être retenus avant d'être détaillés par la suite. D'abord, signaler que l'esclavage est un phénomène qui a été introduit très tardivement en Égypte vers les dernières dynasties. Les relations d'autorité ayant été à l'origine fondées sur des relations maître/serviteur avec rémunération. Deuxièmement, mettre l'accent sur le fait qu'à l'instar des pays du continent noir africain, l'Égypte était une société matriarcale. La règle était donc celle d'une égalité civile entre hommes et femmes. Le machisme des premiers n'allant pas plus loin que celui d'un bon père de famille du Sénégal d'aujourd'hui, prévenant ses enfants mâles que la véritable force physique et l'endurance ne s'acquièrent pas en cultivant des muscles saillants et d'éviter de s'adonner à certaines formes particulières d'expression artistique qui, en lieu et place de sensibilité, développeraient plutôt une sensiblerie[10].

Ancrage de l'Égypte au monde négro-africain

Le débat sur l'identité des anciens Égyptiens

Notre insistance à rappeler que l'Égypte ancienne fait partie intégrante du continent africain aurait semblé dérisoire s'il n'existait pas chez une bonne partie de la communauté des égyptologues un acharnement à situer l'Égypte ancienne en Orient. Une tendance quasi-obsessionnelle, malgré les réalités physiques et géographiques, à installer la terre des Pharaons au Proche ou Moyen-Orient. L'objectif inavoué étant bien sûr de détacher la civilisation pharaonique de l'Afrique en lui faisant partager un fonds culturel commun « congénital » dira-t-on, avec la Chaldée, l'Assyrie, Babylone, Ninive ou la Perse des anciens temps.

Il en est de même pour ce qui concerne la race des anciens Égyptiens, bâtisseurs des pyramides et précurseurs de toutes les sciences qui ont permis à l'humanité de faire son extraordinaire bond en avant. Ici encore, c'est l'acharnement qui a consisté à nier avec virulence le fait que les anciens Égyptiens étaient des nègres, fait qui a été rapporté expressément par les auteurs anciens comme

---

[10] En effet, Diodore de Sicile nous apprend que : « … selon la croyance égyptienne, les exercices journaliers donnent aux jeunes gens, non pas la santé, mais une force passagère et tout à fait préjudiciable. Quant à la musique, elle passe non seulement pour inutile, mais pour nuisible, en rendant l'esprit de l'homme efféminé. ». Diodore de Sicile, Livre I (LXXXI).

Hérodote et Diodore de Sicile, qui trouble l'esprit[11]. Que l'on se comprenne bien. Constater à la suite du Pr Cheikh Anta DIOP l'appartenance des anciens Égyptiens à la race nègre est autrement plus sérieux qu'une simple *« délectation sur le passé »*. De façon plus crue, il ne s'agit pas de se dire « Nous nègres, fûmes beaux ». Ce serait à la limite même affligeant. Et ce, d'autant plus que les négationnistes d'hier, si virulents et si pointilleux sur la question, ne pouvant supporter le poids de la vérité historique, changent de fusil d'épaule et proclament finalement que la question de la couleur de peau des anciens Égyptiens n'est pas pertinente. Une manière habile de quitter le débat scientifique et de le placer sous l'angle idéologique. C'est ainsi que sur la question de l'influence de l'Égypte ancienne sur les civilisations ouest-africaines, l'archéologue Damien Agut avance avec gravité dans une interview très récente que le *« sujet est politique, existentiel et identitaire. Il n'est pas scientifique »* et de poursuivre en précisant que : « *L'Égypte ancienne était connectée avec le Soudan et le Levant. Mais*

---

[11] La qualité de nègres des anciens Égyptiens a été depuis lors prouvée scientifiquement par le Pr Cheikh Anta DIOP qui, par le procédé de l'analyse et dosage de la mélanine qu'il a inventé, a pu « classer indubitablement les anciens Égyptiens parmi les noirs » en raison du taux élevé de mélanine présent dans les corps embaumés de ceux-ci (analyse faite sur des échantillons de peau de momies égyptiennes prélevés au laboratoire d'anthropologie physique du musée de l'Homme à Paris). Aujourd'hui, l'usage de l'ADN dans la détermination des origines ethniques venant compléter, s'il en était encore besoin, ce qui avait été déjà démontré.

elle n'avait pas de liaisons transversales et transsahariennes avec l'Afrique de l'Ouest ».[12]

Toujours donc ce souci d'orientalisme avec ce *« Levant »* que l'on se voit maintenant contraint et forcé de coupler avec le Soudan qu'il aurait été plus pertinent de nommer le Soudan Nubien c'est-à-dire le pays se trouvant à la frontière sud de la Haute-Égypte.[13] La population arabe donc asiatique présente et majoritaire dans l'actuelle Égypte n'y est arrivée qu'au 7e siècle apr. J.-C., plus exactement en l'an 639. Une arrivée toute récente chronologiquement à l'histoire de l'humanité[14].

---

[12] Interview de M.D. Agut à franceinfo Afrique, 08/06/2019, https//www. francetvinfo.fr

[13] Il s'agit du Soudan Nubien ou Nubie (faussement dénommé par les auteurs Ethiopie) considéré par les anciens Égyptiens comme la terre de leur origine et la base de leur civilisation. Fait largement avéré et enfin reconnu maintenant avec les nouvelles découvertes des fouilles réalisées au Soudan. C'est effectivement vers le sud que les égyptiens s'orientaient pour leurs offices religieux. C'est aussi de ce Soudan Nubien qu'arrivaient les renforts militaires pour restaurer la légalité et la légitimité du pouvoir égyptien chaque fois que l'Égypte était confrontée à des menaces internes ou venant de l'extérieur. Ce fut le cas avec l'épopée héroïque de ceux qui sont passés dans l'histoire sous l'appellation de « Pharaons nubiens » : Piânky, Shabaka, Taharka (Cf. Cheikh Anta Diop, « Civilisation ou barbarie, Présence africaine, 1981) pp. 133 et s.

[14] La population autochtone noire restée en Égypte est représentée aujourd'hui par la minorité copte qui s'est fortement métissée depuis des siècles au point même d'être en passe d'absorption. Ce qui la distingue encore des arabes est la religion car les coptes ont, dans leur grande majorité, embrassé la religion chrétienne et leur langue (le copte) qui reste une langue négro-africaine, écrite en grec ancien et très proche du wolof dans sa structure grammaticale et par le vocabulaire.

La trace des anciens Égyptiens

La dépopulation de la vallée du Nil de ses habitants autochtones noirs s'est réalisée par vagues successives à l'intérieur du continent africain, étalées dans le temps en raison de l'histoire tumultueuse de l'Égypte pharaonique en termes de longues périodes d'anarchie et/ou de dominations étrangères. Lisons à ce propos un égyptologue du 19e siècle décrivant l'abandon par les égyptiens sous le joug romain de leur pays par :

- *« ... la perte de l'idée de patrie, de la fierté attachée jusque-là à la qualité d'Égyptien, de la pensée que le gouvernement était devenu national et que le roi considérait tous ses sujets comme des frères de race, le remplacement de tout cela par le sentiment de l'avilissement dû à la conquête, par la conviction qu'on était plus rien aux yeux de ce maître rapace qui vous suce jusqu'à la moelle, la suppression de toute garantie et de toute protection efficace ».[*Toutes choses qui*]... « eurent pour effet la dépopulation de la vallée du Nil.*[15]

La conquête romaine avec sa « rapacité » étant l'une des dernières parmi les dominations étrangères subies par l'Égypte, il coule de source que des phénomènes migratoires de même nature ont eu lieu, particulièrement ceux qui ont suivi un axe Est-Ouest comme le prouvent les trajets des migrations formellement identifiés. Ceci jette une lumière

---

Voir donc les arabes revendiquer une ascendance avec l'Égypte ancienne est un phénomène extrêmement récent qui est à mettre sur le compte peut-être de la mondialisation ou un souci d'auto-valorisation.

[15] Eugène Révillout, Précis de droit égyptien comparé aux autres droits de l'antiquité, Ed Giard et Brière, Paris 1899.

éclairante sur les étonnements et interrogations de deux auteurs eux aussi du 19e siècle, hommes de bonne foi mais hommes de leur temps qui ne pouvaient comprendre la proximité et les similitudes de pratiques et de croyances entre les collectivités ouest-africaines qu'ils étudiaient et l'Égypte antique. Dans ses « *Fables Sénégalaises* »[16], le baron Jacques-François Roger insiste sur la surprenante analogie entre l'estuaire du fleuve Sénégal et le Delta du Nil, à laquelle il ajoute le même caractère sacré entourant les animaux de la faune aquatique (ibis, crocodile, etc.) et les mêmes modes de navigation usités par les riverains des deux pays pour nous en arrêter là. L'auteur ne pouvait imaginer que l'implantation dans l'estuaire sénégalais procédait d'un choix délibéré de migrants qui, à la suite d'un long exil, avaient trouvé un endroit qui leur rappelait tant là d'où ils venaient. Que le groupe arrivant ait trouvé une population autochtone avec laquelle il s'est brassé parce que lui ressemblant est non seulement de l'ordre du probable mais du très vraisemblable. Mais là n'est pas la question car ce qui importe, est que les pratiques ou croyances des anciens Égyptiens telles que constatées par le baron Roger se soient perpétuées.

Dans le même esprit, Maurice Delafosse (Administrateur colonial et ethnologue), lui aussi homme de son temps, défendait dans un de ses Mémoires[17] l'idée d'une expatriation

---

16 Jacques-François Roger, « Fables sénégalaises recueillies de l'Ouolof » Paris, A. Neveu, 1828.

17 M. Delafosse « Sur des traces probables de civilisation égyptienne et d'hommes de race blanche à la Côte d'Ivoire » / Ed 1901 Hachette Livre BnF in Bulletin et Mémoires de la Société d'Anthropologie de Paris, T.2 (IIe série), 1901).

massive des anciens Égyptiens suite à la domination romaine et de leur influence sur la civilisation de la plupart des nègres de l'Afrique de l'Ouest. Bien sûr, selon le même auteur, comme le porte d'ailleurs le titre de son Mémoire, les exilés étaient des hommes de race blanche. Nous utilisons la locution adverbiale « bien sûr » pour réaffirmer encore que ces deux auteurs étaient des hommes de leur temps et peut être même de bonne foi. Ils ne pouvaient imaginer, ignorant la loi des cycles de l'histoire, que les populations qu'ils étudiaient et venaient d'asservir, en état de dégradation avancée, puissent être les descendants des responsables de la brillante civilisation égyptienne[18].

---

[18] Sur ce phénomène de régression, suivons ces mots du Pr Cheikh Anta DIOP « La perte de la souveraineté nationale et de la conscience historique par suite de l'occupation étrangère prolongée engendre la stagnation ou même parfois la régression, la désagrégation et le retour partiel à la barbarie : tel fut le cas de l'Égypte sous les romains (...) .Du fait de la perte continue de la souveraineté nationale depuis l'arrivée des Perses en 525 avant J.-C., l'Égypte qui avait civilisé le monde et qui dès 1600 avant J.-C., sous la reine Hatchepsout, sillonnait les mers avec des bateaux de haut bord vers le pays de Pount, ne savait plus construire que des barques en argile, sous les Romains au 2e Siècle après J.-C. (...) Cette régression frappe le peuple égyptien dans son propre berceau, avant toute émigration, et ce, répétons-le du seul fait de l'occupation étrangère. Une grande énigme de l'histoire s'éclaire d'un jour nouveau : à savoir, pourquoi des peuples responsables de grandes civilisations sont-ils tombés bien bas par la suite, en particulier les peuples africains ? ». (Cf. « Civilisation au barbarie » op.cit. p 273 et s.) Par ces mots, le Pr Diop soulignait toute « l'importance du facteur historique dans la définition de la personnalité culturelle d'un peuple. Nous citerons aussi pour renforcer et prouver cette récurrence historique de la régression l'exemple donné par le même auteur concernant l'Europe Occidentale : « Entre 476, fin de l'empire romain, et l'an 800,

Le véritable intérêt du débat

Répétition n'étant pas redite, entendons-nous encore bien. Nous sommes d'accord qu'il n'existe scientifiquement parlant qu'une seule race : la race humaine. Les différenciations de couleur ou de morphologie n'induisant aucune supériorité ou inégalité qui serait naturelle d'un groupe à un autre. Elle relève même à ce titre du « non politiquement correct ». À ce propos, il faut préciser que bien loin de tout complexe (contrairement à ce que l'on pourrait faussement croire), les Africains opposent très souvent leur pudeur naturelle à la question des races qui consiste à ne pas s'y arrêter, provoquant d'ailleurs bien des fois chez eux un état de sidération les laissant bouche bée. Une sidération que l'on peut encore aussi interpréter faussement et malheureusement comme une crainte révérencielle.

Cependant, le contexte de notre propos nous y oblige. En effet, il s'agit de ne pas se voiler la face. La diversité raciale ayant toujours eu et continuant d'avoir une incidence notable dans l'histoire de l'humanité. Pour un exemple proche : la crise du coronavirus où l'on a vu et entendu des chercheurs et professeurs de médecine (présumés donc instruits et respectables) occidentaux deviser tranquillement voire même naturellement sur la possibilité de réaliser des tests de vaccins sur les populations africaines noires.

---

couronnement de Charlemagne et renaissance carolingienne, il y eut une véritable régression dans tous les domaines du savoir : même les techniques architecturales de l'antiquité furent perdues. Le nouveau progrès scientifique sera dû à l'apport arabe et au rôle joué par l'église catholique qui, durant toute cette période du haut moyen- âge, était la mémoire historique de l'Occident, rendant par-là possible tout processus cumulatif ». Cf. « Civilisation ou barbarie », op. cit. p. 245.

Au-delà des réactions d'indignation qu'elle a provoquées, cette démarche n'est en rien inédite.[19]

L'avantage de toute crise est de mettre en exergue les positions les plus extrêmes et celle-ci a le mérite de poser le problème de la perception par l'étranger du rôle des populations africaines, de leur utilité ou inutilité dans le concert des nations. Moins que la perception par l'étranger, ce qui importe est plus la perception que les Africains ont d'eux-mêmes. Autrement dit, ne pas être dans la réaction mais plutôt dans l'action. Posée ainsi, la question de l'identité cesse d'être un concept abstrait, une idée générale laissée aux humeurs des poètes.

Si le combat pour la restauration du caractère nègre de l'identité égyptienne se devait d'être mené pour réfuter les falsifications grossières au nom de la vérité historique comme précédemment dit, il n'en est pas pour autant une fin. Il est même devenu accessoire, en sus du risque d'en faire l'objet d'un débat qui, savamment et malignement entretenu, pourrait être un élément de diversion face au but ultime. En effet, il s'était surtout agi, en rendant à l'Afrique son histoire, « d'élever l'idée d'une Égypte nègre au niveau d'un concept scientifique opératoire » pour reprendre le Pr Cheikh Anta Diop[20]. On ne le répète peut-être pas assez souvent.

---

[19] Voir l'excellent article de Mme Mame Fatou NIANG : « l'Afrique cobaye ou le corps noir dans la médecine occidentale » 9 avril 2020 in http : //www.slate.fr/ story /189360/ où l'auteure démontre de façon soutenue que l'expérimentation médicale sur les populations africaines est un phénomène ancien.

[20] Cheikh Anta Diop « Civilisation ou Barbarie », op. cit. p. 9.

Ramené à notre problématique, disposer d'un concept scientifique opératoire signifie que nous intégrions et maniions une information pour en faire un outil intellectuel apte à régler des problèmes concrets de législation.

Comme nous le savons, l'idéal pour les règles juridiques est d'être la traduction fidèle de la perception du monde et de la représentation que les peuples qui les édictent ont d'eux- mêmes. À ce titre, tel que dit plus haut, la finalité de la règle de droit ne consiste pas seulement à organiser la vie à l'échelle domestique d'un pays mais aussi à imposer dans les relations hors- frontières la façon dont on souhaiterait être vu. En résumé, en intégrant tous les éléments positifs et pertinents de son identité propre. C'est ici encore tout le sens de la quête d'identité qui se ramène à trois questions simples mais cruciales : Qui est-on ? D'où vient-on ? Où va-t-on ? Les négliger en les sacrifiant à l'autel d'un prétendu modernisme nous semble être la faute à ne pas commettre.

Il en ressort dès lors pour nous que l'inspiration des tenants d'un Droit africain rénové et efficient doit être puisée à la source du droit égyptien antique si proche de la mentalité africaine en termes d'approche intellectuelle des problèmes d'organisation de la cité et des solutions juridiques incroyablement précoces pour l'époque qu'il contenait. Ces solutions sont transposables sinon parfaitement adaptables dans l'Afrique d'aujourd'hui au regard de tout le savoir issu de l'égyptologie qui ne peut plus être seulement l'affaire des archéologues et des historiens. C'est tout l'enjeu et les défis que doit relever le juriste chercheur africain.

En relation avec ce qui vient d'être dit, les textes juridiques exhumés de l'ancienne Égypte témoignent de l'existence de principes bien élaborés : droit à un procès équitable, double degré de juridiction, égalité des citoyens (sujets) devant la loi, état de droit, liberté d'expression y compris une panoplie de systèmes et règles *« modernes »* en matière contractuelle ou procédurale. Un ensemble de principes ou systèmes ou règles de réception peut être difficile pour nos populations d'aujourd'hui encore enfermées dans des traumatismes d'une histoire particulièrement douloureuse qui leur a fait oublier. C'est donc à dessein que nous avons pris le parti, à des fins d'illustration, de faire ressortir l'identité entre les noms et mots de l'égyptien ancien et ceux du walaf[21]. Nous partirons du lexique établi par le professeur Cheikh Anta Diop[22], glossaire récemment

---

[21] En premier exemple, prenons le nom du célèbre Pharaon de la 18e dynastie TOUTANKHATON ou TOUTANKHAMON, nom qui a varié en fonction du culte d'abord rendu à ATON puis ensuite à AMON et signifiant « l'enfant ou le fils de ATON » ou « l'enfant ou le fils d'AMON ». Il est remarquable que la racine TOUTANKH est parfaitement intelligible en walaf actuel ou il signifie « enfant », « jeune enfant », « petit enfant », etc.

[22] N'étant pas linguiste, nous n'avons bien sûr pas la prétention de prendre part au débat sur la parenté génétique de la langue égyptienne ancienne et ici du walaf. Ce combat a été mené et remporté avec brio par d'éminents linguistes à la suite l'illustre devancier. De très haute facture, le lexique du Pr DIOP a l'avantage de faire la concordance des mots et expressions en tenant compte de toute l'évolution de la langue égyptienne tout au long de son histoire (Ancien empire – Nouvel empire – basse époque) avec le souci d'éliminer toute étymologie douteuse. Le résultat est prodigieux. Notre souci quant à nous dans notre quête d'identité est de mettre en lumière des mots- clés toujours présents dans nos langues, des termes et vocables traduisant des réalités juridiques précises et concrètes mais devenus anodins parce que ne reflétant plus

rafraîchi par notre estimé ami et collègue, le Pr Babacar Diop Buuba[23]. Précisons que ce qui a été fait entre l'égyptien ancien et le walaf est parfaitement transposable aux autres ethnies du Sénégal (seereer, pulaar, joola pour ne citer que celles-là). Le mot « *ethnie* » n'est d'ailleurs utilisé que par commodité de langage et habitude parce que ne reflétant pas des différences marquées. En effet, les différents groupes de la population sénégalaise d'aujourd'hui appelées « *ethnies* » ne sont que des rameaux qui se sont détachés d'un groupe humain homogène qui s'est en premier implanté au Sénégal. Autrement dit, c'est en nation, certes arrivée par vagues successives, que les Sénégalais ont franchi les frontières du territoire actuel. Les particularismes s'étant par la suite constitués et consolidés en fonction des espaces occupés, des affinités, querelles ou troubles entre autres contingences[24]

---

le sens originel à la base de leur création. (Parenté génétique de l'égyptien pharaonique et des langues négro-africaines, IFAN NEA, Dakar, 1977).

[23] Pr Babacar Diop Buuba, « La parenté entre l'égyptien ancien et les langues sénégalaises (le Wolof) in Histoire générale du Sénégal, Des origines à nos jours. Tome 1 : Parenté ancienne, Vol 3 : Antiquité-Égyptologie, HGS, Editions, Dakar, 2019.

Voir aussi avec profit le même auteur, « Sources et Arbitrages des conflits en Égypte pharaonique », Revue sénégalaise de philosophie, no 7-8 juin décembre 1985. NEA, Dakar 1986.

[24] - Makhtar DIOUF, Sénégal : « Les ethnies et la Nation », Harmattan (Paris – Dakar), 1994.

- Henry Gravrand, « La civilisation sérère, PANGOOL, Ed. NEAS 1990 sp.p. 72 à 24 (Chapitre III : l'Héritage spirituel égyptien).
- Aboubacry M. Lam, « Origines et héritages lointains des populations sénégalaises : état des lieux » in Histoire générale du Sénégal, Des origines à nos jours Tome I, Vol.3 : Antiquité- Égyptologie, HGS, Editions, Dakar, 2019.

CHAPITRE DEUXIÈME

LA STRUCTURE GÉNÉRALE DU DROIT ÉGYPTIEN ANTIQUE

Une bonne compréhension du droit égyptien antique suppose que soit restituée, comme pour toute science d'ailleurs, la philosophie qui en est à la base. Rien n'étant gratuit, on comprendra du même coup l'influence que ce droit a eue sur celui des nations qui lui étaient contemporaines. Il suffira pour nous après cet exercice, de nous appesantir sur un de ses principes, représentatif des hautes valeurs morales qui inondaient ce droit ancien, à savoir le principe dit de la maât.

L'originalité du système juridique égyptien dans l'antiquité

Les bases conceptuelles du droit antique

Dans une des études consacrées aux droits antiques, Rome fut présentée comme *« le pays que l'on croit être la patrie du droit alors qu'il n'est que l'égout collecteur des scories des droits antérieurs »*[25]. L'auteur visait spécifiquement parmi ces droits antérieurs le droit égyptien antique.

---

[25] E. Revillout op.cit., pp. 1546.

Bien que très peu diplomatiques dans leur forme, ces propos traduisent dans leur fond toute la détermination de leur auteur à dénoncer la part trop belle faite aux jurisconsultes romains. Entre autres preuves fournies, ce dernier renseignait sur le fait que, même à la base, le mot latin *jus* ou *ius* (le Droit) dériverait étymologiquement du terme égyptien *jub* (ordre, vérité, juste), *Jub* était rattaché à *jubeo*. Dans l'univers égyptien où la justice relevait de la caste sacerdotale, le mot *jub* désigne en effet l'ordre direct de la divinité décidant de tout dans les litiges[26].Il est vrai comme nous le voyons que le droit romain présenté aujourd'hui, notamment en Occident, comme une des bases du droit moderne s'est directement inspiré du droit égyptien antique.

Rome s'est aussi inspirée indirectement auprès des Grecs qui furent les sages disciples de l'Égypte antique. C'est des historiens grecs eux-mêmes, Hérodote ou Diodore de Sicile en tête, que parviennent les échos des sentiments de grande admiration qui animaient les Grecs vis-à-vis de l'Égypte. La ville d'Athènes se revendiquait fille de l'Égypte en proclamant avoir été fondée par l'égyptien Cécrops tout comme elle affirmait que Solon (son législateur) avait été à l'école égyptienne. Idem pour Argos la ville du roi Agamemnon qui se vantait d'avoir comme fondateur Danaos, fils d'un roi d'Égypte et qui y aurait d'ailleurs

---

[26] E. Revillout, op. cit. p. 137 (note 2). *Jub* est par ailleurs le premier nom d'Osiris. Notons que le mot *jub* renferme en walaf actuel le même sens, c'est-à-dire « ce qui est juste », « ce qui est conforme à la règle ». La pléthore de termes français ou européens de façon générale issus de jus tels que justice, juge, judiciaire, juridique, jury, etc. auraient donc pour origine le mot égypto-walaf *jub* !

introduit l'agriculture et la métallurgie du fer. On découvre aussi du côté des législateurs et philosophes grecs des noms tels que Lycurgue, Pythagore ou Platon pour ne citer que ceux-là à s'être inspirés des principes de vie sociale et administrative forgés par les Égyptiens.

La question qu'il importe de se poser est de savoir qu'est-ce que ce droit égyptien avait de spécial pour provoquer des élans d'enthousiasme et d'imitation de la part des peuples qui lui étaient contemporains ? Quel est le contenu de cet héritage juridique dans notre quête d'identité ?

La réponse à ces questions demande à ce que nous serrions d'un peu plus près la nature dudit droit dans ses deux composantes essentielles à savoir : la philosophie qui le sous-tend et la finalité qui l'anime.

Pour ce faire, il est nécessaire de consulter les pages inséparables de ce que l'on peut appeler le triptyque Religion/Science/Droit, dans leurs articulations respectives.

Rien n'étant dû au hasard, il nous faut remonter très vite aux origines de ce qui a fait éclore la civilisation pharaonique.

Le fondement moral du droit égyptien

L'Égypte était un pays profondément religieux qui, par ses mythes et croyances, avait sécrété aux temps les plus reculés une conception globale de l'univers et de la place de l'homme dans celui-ci.

Cette cosmogonie qui est née il y a plus de 45 siècles (attestée dans les textes de pyramides de 2600 avant J.-C.) a jeté les bases de la philosophie moderne et de la dialectique. Nous parlons ici d'activités intellectuelles profondes, explicatives et descriptives de la formation du monde. Du maniement des concepts d'être/non être, de fini/infini, de visible /invisible, de matière/néant, etc. à une période où les *« Grecs même (en tant que peuple) n'existaient pas encore dans l'histoire ».* Cette cosmogonie fit éclore une religion qui fut improprement et trop vite qualifiée de polythéiste au regard de la diversité de « divinités » souvent peintes avec des représentations animales ( =ntr = tuur)[27] faisant croire à un culte fétichiste. Bien au contraire, les textes des pyramides remontant aux premières dynasties affirment la réalité d'une puissance divine unique, inaccessible à l'esprit humain. *« Dieu grand dont le nom est inconnu »*[28]. Au départ nous dit-on, était la matière primitive, increéée. Elle contenait déjà dans son état latent, de façon intrinsèque le ( =hpr = kheper=xippi/sopi[en wolof]) élevée au rang de divinité qui l'a actualisée et modelée en formes parfaites. Selon les périodes et selon les trois principaux

---

[27] Les « tuur » désignent jusqu'à présent en langue wolof des esprits invisibles protecteurs des foyers domestiques (ou rab) ne se confondant pas avec Dieu. Voir avec profit Assane Sylla, « La philosophie morale des Wolof », IFAN-UCAD, 1994(2e édition).

[28] On s'aperçoit ainsi que le refus du Pharaon contemporain du Prophète Moise de se soumettre aux injonctions de ce dernier l'invitant à s'incliner devant la Toute Puissance de Dieu, comme nous l'enseignent les religions révélées, était un pêché capital dans l'univers religieux même de ce Pharaon. Pour preuve, le Saint Coran, Livre Sacré de l'Islam, revenant sur ce fait survenu plus de 2000ans auparavant, témoigne de la vertu et de la piété de l'épouse dudit Pharaon pour s'être détournée des délires blasphématoires de son époux (Sourate 66, Verset 11).

temples Thèbes, Memphis et Héliopolis, cette même entité divine recevait le nom de (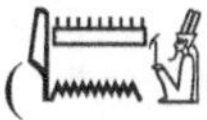=Imn = Amon), de ( =Pth ou Ptah) ou de (=Tm (m) =Tum/Atum)[29]

Un véritable monothéisme affirmant l'immortalité de l'âme c'est-à-dire l'existence d'un au-delà après la mort terrestre. Le papyrus Prisse considéré comme le plus vieux livre du monde qui est un recueil de sagesse se réfère clairement à un Dieu unique[30].

Ancrée dans l'esprit de tout Égyptien de race et quel que soit son rang, cette foi profonde (qui la distingue des autres peuples de l'antiquité) incitait à l'adoption de comportements moraux de charité, de solidarité et de devoirs. Le papyrus Prisse ne dit-il pas : *« Si tu es devenu grand et riche, tu es devenu l'administrateur des biens de Dieu. Ne place pas derrière toi celui qui est ton semblable. Sois pour lui comme un compagnon.* » ? En effet, les notions de vie future, de récompense des hommes qui auront été bons, de punition pour les méchants, ont fortement influé sur le droit positif de l'époque pharaonique.

Dans un second temps, il faut relever le niveau scientifique exceptionnel atteint par les Égyptiens, à un point tel que l'idée farfelue d'extra-terrestres qui seraient

---

[29] Amon= le caché, l'invisible ; Ptah= celui qui ouvre, celui qui est la cause de tout (« li mo tax » en walaf) ; Atoum= l'indifférencié, l'inengendré (dont dériverait le prénom Atumaan).

[30] Le papyrus Prisse du nom de son découvreur Prisse d'Avennes, a été rapporté d'Égypte en 1884 et amené à la Bibliothèque Nationale de France où il se trouve jusqu'à présent. Sous forme de rouleau, il daterait d'environ 1800 av. J.-C. et contient notamment les enseignements de Ptahotep (Préfet en Égypte antique en 2400 av. J.-C.).

les véritables responsables de ce miracle scientifique, a été très sérieusement soutenue.

Ici aussi, pas de mystère.

Seule la nécessité pour les Égyptiens anciens, concentrés autour de la vallée du Nil, de s'adapter à leur environnement en est la cause. Il était en effet nécessaire de domestiquer le Nil en régulant ses crues et inondations, en créant des systèmes de digues et d'adduction d'eau, des canaux et réservoirs pour prévoir les temps de sécheresse, de mettre en place un système cadastral pour une répartition annuelle des terres de culture après le retrait du fleuve, bref des travaux immenses pour dominer la nature. Ceci a logiquement amené les Égyptiens à s'initier très tôt à la géométrie, au calcul, au génie civil, à la mécanique, à l'astronomie, autant de sciences qui ont eu par la suite les applications avancées que nous connaissons.

Le résultat de cette accumulation de connaissances scientifiques couplées à la cosmogonie décrite a été à l'origine d'une conception inédite pour l'époque de ce que devrait être le règlement de la vie des hommes et l'organisation sociale. Leur savoir scientifique et la compréhension des phénomènes naturels leur avaient fait intégrer le principe de causalité (Ptah=tah= tax) qui empêche de conférer à la nature une finalité normative. On ne considérait pas un fléau ou la survenance d'une catastrophe comme un châtiment que la nature infligeait à la communauté humaine parce qu'elle se serait mal comportée ni des évènements heureux (bonne pluviométrie ou bonne récolte) comme des récompenses pour bon comportement. Les Égyptiens, par leur savoir, s'étaient très tôt affranchis d'une certaine conception de « l'ordre naturel des choses » qui avait cours chez les autres peuples antiques. L'horreur des sacrifices humains (si courants chez les peuples à cette époque) dictés par les forces de l'ignorance et de la peur pour apaiser des dieux « en colère », n'avait pas cours en Égypte. Aucune trace ou indice n'ayant été rapporté ou collecté. Comme dit plus haut, la religion égyptienne n'était pas fétichiste en ce sens qu'elle ne prêtait pas une âme aux choses ni ne cautionnait l'idée d'un déterminisme naturel qui influerait sur la vie des gens. C'est pourquoi par exemple la femme égyptienne était l'égale de l'homme égyptien parce que son statut ne dépendait pas de sa « nature de sexe faible », pareil pour le statut des enfants ou bien encore pour les serviteurs (=bak) ou esclaves (=dyam)[31], protégés qu'ils étaient contre une prétendue « loi naturelle » du plus fort. La morale égyptienne imprégnait tout droit civil.

Religion, science et droit étaient l'affaire des prêtres. C'est les prêtres qui gardaient les livres de lois et les appliquaient. Ce sont les temples qui étaient le siège des juridictions en matière civile[32] Ce qui est pour nous

---

[31] =c3m : asiatique, sémite, syrien. Voir aussi  =nhrn=habitant du pays de Naharina. En walaf, on désigne habituellement l'asiatique (syrien, sémite…) par le mot nâr. Quant au mot bak, on le retrouve sous sa forme toujours usitée : bak(neg) = titre donné au chambellan d'une personnalité.

[32] =P k̲r=juridiction, sanctuaire d'Osiris à Abydos. P kr=kër= maison en walaf. Une autre variante de sanctuaire religieux (nécropole)

aujourd'hui la Cour Suprême, était composée de 30 membres élus, issus des trois principaux Temples (Thèbes Memphis Héliopolis) qui en fournissaient chacun 10. Elle était le tribunal d'appel des causes civiles.

Comme pour les lois, c'est le droit religieux qui dominait tout le droit des obligations avec notamment le mépris que les Égyptiens avaient pour le prêt à intérêt et le recours fréquent par les juges au serment dans l'administration de la preuve par exemple.

Il faut dire dans la même lancée que le Livre des Morts[33], code de la morale égyptienne contenait la confession positive (dire tout ce que l'on a fait de bien de son vivant) et la confession négative (dire tout ce que l'on n'a pas fait de son vivant parce que mal) à la charge du défunt se présentant devant le Tribunal Divin pour pouvoir accéder à la vie éternelle[34].

Pour ce qui nous concerne, il ne s'agit pas d'avoir un regard naïf voire angélique ou d'être en contemplation béate face à ce droit antique. Tout n'était pas bien sûr rose en Égypte antique mais notre propos est surtout de faire ressortir sa philosophie parce qu'il s'agit de mettre à

étant  =hr(t) nTr ; hêr = pierre, ker = maison, kertuur = maison du génie domestique protecteur en walaf.

33 Livre des Morts in E. Amelineau, « Prolégomènes à l'étude de la religion égyptienne », E. Leroux, Paris, 1908(2e édition 1916). Sa traduction littérale est plutôt : « Livre pour sortir le jour ».

34 On mesure par l'exercice de la confession négative le sens moral élevé des égyptiens car ce que le défunt confesse, ce n'est pas des pêchés ou des manquements qu'il aurait commis de son vivant mais de s'être abstenu de les avoir commis. Il n'a pas fauté. Il déclare son innocence.

jour l'identité juridique africaine. Comparé aux droits grec, romain, perse, chaldéen, assyrien ou babylonien primitivement rustres, fondés sur la force brute, la lance et la toute-puissance du conquérant, le droit égyptien se révèle étonnamment avant-gardiste, droit- de- l'hommiste avant l'heure, pétri des idées de morale et de justice.

L'attachement des Égyptiens à leurs traditions juridiques

Un autre fait majeur à noter réside dans l'attachement des Égyptiens anciens à leurs principes et la ténacité avec laquelle ils les ont défendus au plus fort des nombreuses occupations étrangères qui ont fini à la longue à les disséminer dans le reste du continent. Pour cause, c'est dans une Égypte en déclin, occupée tour à tour par les Perses, le Macédoniens ou Romains qu'est apparu ce que l'on nomme aujourd'hui le Droit international privé ou théorie des conflits de lois. Pendant longtemps, les Égyptiens sous domination étrangère avaient réussi à maintenir leurs propres juridictions (*les laocrites, « juges du peuple »*) à obtenir des tribunaux mixtes traitant leurs différends avec les occupants étrangers, à voir appliquer leur droit national à leurs propres affaires à côté du droit du conquérant. Ce dernier tombait bien souvent sous le charme du droit égyptien pur et s'en inspirait. Hérodote et Diodore de Sicile rapportent que Solon (législateur d'Athènes et un des sept sages de la Grèce antique) a pris à l'Égypte la pratique de la déclaration de revenus pour l'imposition périodique, le système des exonérations et dégrèvements fiscaux. Tout comme l'adoption par les Grecs, par imitation, de la loi égyptienne interdisant la prise de corps des personnes libres pour dettes impayées, ou encore de celle générale faisant de la garantie en cas d'aliénation d'un bien une obligation personnelle du cédant. La liste est exhaustive. Du côté des Romains (comme des Grecs d'ailleurs), on peut signaler l'imitation du système du cens c'est-à-dire l'établissement de registres contenant l'état de tous les biens et de toutes les personnes tenus et mis à jour régulièrement dans les temples de chaque région administrative et dont on retrouve les traces dans le papyrus de Kahun sous la 12 dynastie (1990 av. J.-C.). Ceci explique pourquoi dans les contrats anciens, les parties égyptiennes sont toujours désignées par leurs nom et filiation alors que les étrangers sont décrits par leurs caractères physiques (taille, cicatrices, couleur de peau, origines, etc.) On peut ajouter le système cadastral et le plan à damier pour les constructions et l'authenticité des actes par la présence de notaires. Ici aussi, la liste n'est pas limitative et nous faisons même l'impasse sur les emprunts faits au droit de la famille.

Pour bien comprendre le contexte de l'époque, nous recourons encore à Hérodote lors de sa visite en Égypte à l'époque de l'occupation perse, témoignant du sentiment généralisé de supériorité qui animait les Égyptiens, pourtant vaincus, à l'endroit de ces conquérants qu'ils considéraient comme impurs, de leur dégoût au point de ne pas vouloir s'asseoir avec eux, partager le repas et communiquer. Ces rancœurs et ressentiments vis-à-vis de tous ceux qui les avaient vaincus s'expliquaient surtout par la haute idée que les Égyptiens avaient de leur civilisation, du raffinement de leurs institutions que prenait en otage la seule force brutale. Ceci est encore une leçon à méditer pour le présent et pour l'avenir.

L'institutionnalisation de la maât ou de bonne gouvernance

Définition de la maât

En Égypte ancienne, le concept de maât[35] ou justice-vérité a joué un grand rôle dans le fonctionnement de la vie sociale et du mode de gouvernement. En effet, si ce concept appartient bien à la cosmogonie en tant que « divinité » devant assurer l'équilibre du cosmos, il est aussi la manifestation de l'idée politique du bien entre le pouvoir d'État et le peuple. Cette double nature du concept de maât a été bien synthétisée par une auteure en indiquant la distinction à faire entre « .... *d'une part la justice générale, cosmique du ressort de la morale et d'une conduite subjective conforme à l'Ordre garanti par le roi et, d'autre part, une justice particulière à la fois individuelle et sociale, du ressort du droit et du juge, pour l'objectivité d'un partage équitable des biens* »[36]. Les deux justices dont il est question ici étant les deux faces d'une même pièce, s'articulant toutes deux autour de la personnalité mi-divine

---

35 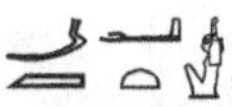 = m3't = mat. Ce terme reçoit trois acceptations en Égypte ancienne : 1°) la déesse Maât de la justice et de la vérité, symbole de l'équilibre cosmique (représentée souvent par une femme ornée d'une plume d'autruche) 2°) la pratique du gouvernement fondée sur l'équité et 3°) comme exprimant l'exactitude après avoir compté, mesuré ou pesé. Le mot maât a survécu en walaf pour tout ce qui est mesure et dans les prénoms comme Mati (fille), Maat, Amat, Moth ou Momat (garçon) pouvant se traduire par « la personne parfaite », « juste » ou « accomplie ».

36 Bernadette Menu, « Maât, ordre social et inégalités dans l'Égypte ancienne. De l'apport égyptien au concept gréco-romain de justice », op. cit. , p. 51.

et mi-humaine du pharaon qui est le garant de l'ensemble. Autrement dit, la Maât d'essence religieuse (avec majuscule) et la maât profane (avec minuscule) symbole du contrat social liant le pouvoir politique (le Pharaon et sa Cour) et ses administrés (le peuple) à des fins d'harmonie sociale. C'est cette dernière que nous visons en priorité et c'est d'elle que nous partirons.

La maât comme méthode de gouvernement

Une vision simpliste voire caricaturale du pouvoir pharaonique a pendant longtemps présenté les Pharaons comme des divinités adorées par leur peuple avec comme preuve ultime les pyramides et temples bâtis en leur honneur. Une analyse plus poussée, issue de la lecture des textes anciens, permet cependant de relativiser quelque peu cette première impression. Elle nous a autorisé d'ailleurs déjà à convoquer sans crainte à l'entame de ce travail les termes d'état de droit, de contrat social et de bonne gouvernance dans le sens que nous lui donnons aujourd'hui. Nous verrons à l'examen que la pratique du pouvoir, la personnalité du Pharaon, l'organisation administrative et les principes de gouvernement de l'époque sont d'une surprenante actualité pouvant constituer des modèles pour bien de nos dirigeants de l'époque contemporaine.

À ce titre, il faut d'abord faire remarquer que le Pharaon était principalement un chef d'État et que sa dimension religieuse était celle d'être, comme on l'a défini ailleurs, « *le vicaire du démiurge* ». Il n'était donc pas pris pour Dieu. La révolution osirienne qui a marqué la fin de la 6e dynastie (2100 av. J.-C.) avait, sur le plan religieux, décerné à tous les Égyptiens de toutes conditions le privilège de survie dans l'au-delà. Antérieurement, seul le Pharaon était considéré comme ayant une âme au ciel.

Très tôt donc, c'est la fonction de Chef d'État qui prévalait. Les pillages des tombes royales qui n'étaient pas le seul fait des étrangers et les dispositifs de protection des sépultures royales usités, reflètent assez bien la mentalité à l'époque. Cette fonction de Chef d'État ne pouvait être menée à bien par le Pharaon et sa Cour (ministres, magistrats, scribes et hauts fonctionnaires) que si ceux-ci observaient dans la pratique du pouvoir un comportement conforme à la maât, gage de stabilité, d'ordre social, d'équité et de justice égale pour tous. La maât n'est donc rien d'autre que la bonne gouvernance prônant que le droit soit respecté et que la justice soit rendue équitablement. Il était ancré dans la mentalité des dirigeants mais surtout du peuple qu'un Pharaon se détournant de la maât, réveillerait inéluctablement *isfet* (le mal) son principe antinomique, responsable de désordre et de chaos. Les périodes d'anarchie et de troubles ont alimenté une bonne partie de la littérature retrouvée sous forme d'avertissements, d'appels à la renaissance ou de prophéties idéalisant la maât[37].

Avant d'aller plus loin, lisons le témoignage de Diodore de Sicile renfermant ce qu'il avait appris de la fonction de Pharaon (L.I, LXX) :

---

[37] Entre autres, voir : - Admonitions d'un Sage (Lamentations ou Avertissements d'Ipouour) ou Papyrus d'Ipwer (env. 2000 av. J.-C.) in Dictionnaire de la civilisation égyptienne / Guy Rachet, 1999.

Enseignements de Ptahhotep (12e dynastie, env. 1785 av. J.-C.) in Pascal Vernus, Sagesse de l'Égypte pharaonique, Paris, 2001. Ptahoteh était un vizir du Pharaon de la 5e dynastie, 25e av. J.-C.

- *« Avant tout, les rois d'Égypte n'avaient pas de genre de vie des autres monarques, qui peuvent faire_ce qui plaît sans relever de rien. Au contraire, tout ce qu'ils faisaient était réglé par les lois, non seulement en ce qui concernait les affaires du gouvernement ; mais même en ce qui concernait la vie et le régime de chaque jour. À leur service étaient attachés, non point des esclaves achetés ou nés dans la maison, mais les fils des prêtres les plus illustres (...), les mieux élevés de ceux de leur race. Cela avait été ainsi fixé afin que le roi ayant pour compagnons jour et nuit ceux qui étaient les meilleurs, ne put commettre rien de digne de reproche, car nul prince ne se plonge complément dans les excès s'il n'a pas à côté de lui des hommes prêts à servir tous ses caprices. Les heures du jour et de la nuit étaient aussi réglées, et il fallait que le roi y fît, non pas ce qui lui plaisait mais ce que les lois avaient ordonné de faire. Levé dès l'aurore, il devait d'abord lire les lettres qui lui_étaient adressées de toutes parts afin de décider et accomplir toute chose de la manière convenable, en_examinant avec soin les affaires du royaume. (...) La coutume était que le grand-prêtre, environné de la foule des Égyptiens, priât à haute voix pour le roi et demandât aux dieux d'accorder la santé et tous les autres biens au prince qui avait observé la justice envers tous ceux qui lui étaient soumis. Il lui fallait alors prêcher toutes ses vertus, dire comment il était pieux envers les dieux et doux envers les hommes, comment il était continent, magnanime, étranger au mensonge, libéral de ses biens, complètement vainqueur de toute concupiscence, assignant aux délits la moindre peine possible et aux actes généreux la meilleure récompense. [Le grand prêtre] ... faisait tout cela (...) pour l'accoutumer à l'honnêteté de la vie. (.....) Après (...) le prêtre lui faisait connaître les maximes et les hauts faits des hommes les plus illustres, tirés des livres sacrés, afin que le prince, ayant examiné en son esprit les meilleures raisons de conduite de ceux qui avaient eu le gouvernement, pût conformer à de tels exemples sa propre administration. Il (le pharaon) devait seulement user d'une nourriture simple et se borner aux chairs de veaux et des oies. Il lui était loisible de boire que jusqu'à une certaine mesure qui ne permettait ni une trop grande plénitude, ni surtout l'ivresse. (...). À la vérité, il paraît étrange que le roi n'ait même pas eu pleine puissance sur sa nourriture de chaque jour, mais il faut encore plus admirer qu'il n'ait pu ni juger, ni rien faire, ni punir personne par impatience, colère, ou autre cause injuste, mais seulement de la manière fixée par la loi. »*

Cet extrait décrivant le comportement standard des Pharaons d'Égypte à toutes les époques, montre à suffisance comme nous sommes loin des dictateurs, tyrans et autres Césars du monde gréco-romain ainsi que des rois dieux de l'Asie Mineure aux temps antiques. On suit avec Diodore de Sicile tous les éléments constitutifs de la maât : écoute du peuple, primauté du droit, respect de la loi, bonne administration des richesses, justice équitable, etc.

En se référant aux archives de l'administration très paperassière des diverses dynasties et ce depuis l'Ancien empire, on peut y voir une application concrète de ce qu'était la politique administrative d'un appareil très structuré.

Au plan territorial, l'ancienne Égypte était divisée en circonscriptions administratives connues sous le nom des nomes. Leur nombre a certes varié au cours de l'histoire mais la philosophie de fonctionnement de l'ensemble est restée la même. Du temps de Ramsès II (19e dynastie), on comptait par exemple 36 nomes autonomes compris dans deux ou trois districts régionaux ( = wcrt = wâr ou 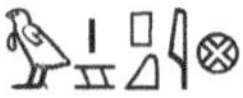=pk̲r=paak)[38]

Le tout relevant bien sûr de l'autorité du Pharaon maître de la terre. Ce dernier partageait ses privilèges de propriété éminente sur la terre avec la caste sacerdotale qui bénéficiait aussi de vastes domaines arables. Chaque nome avait une métropole, centre administratif et judiciaire, un ou plusieurs sanctuaires religieux. À la tête de ce nome, un prince ou un haut fonctionnaire, le djèref ou dja[39] qui avait pour mission d'exploiter les ressources locales (agriculture, manufactures…), de collecter les impôts au nom du Pharaon, d'approvisionner les magasins de réserves appelés les « *maisons de vie* » (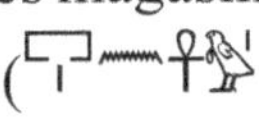= pr n 'nh̲w)[40], d'entretenir les digues et canaux d'irrigation et au besoin réprimer les réticences ou actes malveillants. Qu'il nous suffise de reproduire ici les mémoires de Amani nomarque

---

[38] Ce mot wâr a survécu en walaf où il désigne indistinctement un secteur territorial, une fraction ou une portion à cultiver ainsi que celui de pak désignant un domaine, terrain nu, arène.

[39] C'est par les termes de « *djeref* » ou « *dja* » qu'il a traduit directement de l'égyptien ancien que E. Révillout désigne l'autorité exécutive du nome. Il s'agit de titres bien connus en walaf et qui en dérivent directement : Jaraaf, Jal, Jawrign ou Jawdin (Cf E.Révillout,op. cit.)

[40] Survivance en walaf : Per=maison, Per neh (neex) =maison agréable. Ces magasins de vie que l'on peut assimiler aux stocks de sécurité nationale existaient en Égypte dans les temps les plus anciens comme en attestent les documents de la 12e dynastie.

du temps de la 12e dynastie (1800 av. J.-C.) sur la conception qu'il se faisait de son travail :

- « *Moi, j'ai été plein de douceur et de charité, un prince aimant sa ville.*

J'ai toujours et chaque année agi ainsi comme gouverneur. Tous les travaux étaient sous ma main et j'emportai les produits en surplus sans que rien ne m'en restât. Mon nome travailla pour moi en sa totalité ; et je n'ai pas affligé le fils du petit ; je n'ai pas maltraité la veuve ; je n'ai pas fait tort aux ouvriers des champs ; je n'en ai pas expulsé le gardien. Il n'y eut pas de chef de cinq hommes dont j'enlevai les hommes de leurs travaux. Il n'y eut pas de malheureux dans mes jours : Il n'y eut pas d'affamé dans mon temps, même quand il y avait des années de famine. Voici que je cultivai tous les champs du nome jusqu'à ses limites du nord et du sud. Je fis vivre ainsi de ses produits ses habitants. Il n'y exista pas de pauvre. Je donnai à la veuve comme à celle qui avait un mari. Je ne distinguai point le grand du petit dans tout ce que je distribuai. Et quand les inondations du Nil furent grandes, les maîtres des graines redevinrent ces maîtres de toutes choses ; et je ne réservai rien pour moi des produits des champs ».

Cet extrait parle de lui-même. Il montre comment le préfet Ameni avait pris bonne note des enseignements de Ptahotep s'adressant aux scribes, fonctionnaires et juges de l'Administration :

- « *Si tu es devenu grand après avoir été petit, si tu as des biens après ta pauvreté première, l'habitant qui est dans la ville te connaît dans l'enrichissement : et il sait ce que tu as été dans le commencement. Ne t'endurcis pas le cœur sur tes richesses. Tu es devenu l'administrateur des biens de Dieu. Il n'y a pas à mettre derrière toi autrui, ton semblable. Qu'il soit comme un compagnon. ».*

Le papyrus de Kahun (12e dynastie) nous apprend, comme déjà signalé, l'existence dans le sanctuaire principal de chaque nome de registres contenant l'état des biens, l'état des personnes ou l'état civil et le cadastre de tout le territoire[41].

Tous les nomes étaient placés sous la supervision d'un grand vizir (𓆓𓏏 = ṯt (ḏt) = Jit)[42], sorte de Premier ministre du Pharaon. Ici aussi, c'est les inscriptions du tombeau de Rekhmiré, Préfet de Thèbes et Vizir sous le pharaon Thoutmès III (18e dynastie) qui nous donnent les informations sur le code de déontologie auquel était astreint le personnel administratif à tous les échelons y compris les nomarques et surtout les agents du fisc du Pharaon[43]. Rekhmire insiste dans ses mémoires sur l'ordre qu'il avait donné aux préfets des provinces de lui faire rapport tous les ans sur les impôts perçus par eux dans leur ressort.

---

[41] Appelé aussi maintenant le papyrus d'EL-Lahoum). Il contient aussi entre autres un Traité de gynécologie et un Traité de mathématiques (Musée Pétrie d'archéologie égyptienne de l'University College de Londres.

[42] Ḏit = Jit= le guide, le leader en langue walaf. Notons parallèlement que le nom totémique d'identification d'un des rois de la période pré-dynastique (dynastie 0) précédant donc Narmer/ Mény était Scorpion. Il se trouve que le mot jit désigne aussi en walaf le scorpion.

[43] Ph. Virey, « Le Tombeau de Rekhmire, Préfet de Thèbes sous la 18e dynastie », Tome 5, fasc. 1, Ed 1889.

Plus encore, il nous suffit de lire quelques passages du Décret ou édit d'Horemheb (dernier Pharaon de la 18e dynastie et fondateur de la 19e) qui seront plus éloquents que de larges développements de notre part[44].

Dans son édit traduit, Horemheb dénonce et menace dans le style de l'époque bien sûr[45] :

- *« Les préposés au magasin à Offrandes de Pharaon ont l'habitude de se répandre par les villages en [réquisitionnant de la main- d'œuvre pour la cueillette du safran] et (...) ils s'emparent qui, du serviteur, qui de la servante du « particulier » et les envoient en mission cueillir le safran pendant six à sept jours d'affilée sans qu'ils aient l'autorisation de s'en aller librement. Apprenez que c'est un abus, cela ! qu'on n'agisse plus de cette manière !*

Quant à tout préposé au magasin des Offrandes de Pharaon dont on (...) apprendra qu'il réquisitionne encore de la main-d'œuvre pour effectuer la cueillette du safran, et que quelqu'un viendra dénoncer en ces termes : « c'est par lui (?) qu'a été enlevé mon serviteur ou ma servante [pour six ou sept jours ». La loi lui sera appliquée de la manière suivante : son nez sera tranché, (il) sera déporté à T3 Rw, et le travail du serviteur ou de la servante,] pendant chaque jour qu'ils auront passé [avec lui], sera confisqué ».

---

44 Kruchten, Jean-Marie, « Le Décret d'Horemheb », Bruxelles, Éditions de l'Université de Bruxelles, 1981.

45  = ẖtm = hatim signifie aussi en égyptien ancien un sceau, une bague et un contrat. Il survit en walaf (xaatim) où il désigne « ce qui a été écrit », « l'injonction faite par écrit », l'action de « coucher par écrit », etc.

Sur l'appareil judiciaire et la justice, de façon plus spécifique, le Décret énonce :

« J'ai examiné les gens et [j'ai choisi les hommes] discrets, d'un caractère juste, capables de sonder les pensées, obéissant aux injonctions du Palais et aux lois de la Cour. Je les ai nommés pour juger les deux pays, à la satisfaction de celui qui est dans [le palais…]et je les ai installés dans les capitales de la Haute et de la Basse-Égypte, chacun vivant tranquille grâce à eux, sans qu'il y ait d'exception. [Je leur ai donné des consignes [et fait] des lois [leur] instrument permanent de travail. (…). Je leur ai inculqué (…) une ligne de conduite les guidant vers la Justice. Voici l'enseignement : « Ne vous compromettez pas avec les gens et n'acceptez pas de récompenses d'autre (que moi).

[…] En quoi vaudrait- il plus que le commun, un de votre espèce, si même vous, vous donnez gain de cause à celui qui n'est pas dans son droit ? (…..)

Aussi tout maire, tout prophète[46] *dont on apprendrait qu'il siège afin de rendre la justice dans la Cour constituée pour rendre la justice et qu'il y donne gain de cause à celui qui n'est pas dans son droit, ce sera retenu contre lui comme un crime capital, car, précisément, Ma Majesté a fait cela pour rendre efficaces les lois de l'Égypte et pour ne plus laisser survenir d'autres cas (…) ».*

---

[46] Le maire avait une compétence en matière criminelle tandis que le prophète (terme désignant les personnes de la caste sacerdotale) était compétent en matière civile.

On ne saurait terminer sur ce sujet qui ne saurait être épuisé sans signaler le droit ouvert à tout égyptien de s'adresser directement au Pharaon pour des réclamations judiciaires. Ce droit de requête directe a existé jusque sous la 17e et 18e dynastie avant qu'il ne soit restreint aux castes militaires et sacerdotales à la fin de la 18e dynastie.

Par ces quelques éléments livrés, nous avons simplement voulu montrer la mise en pratique effective de la maât dont étaient débiteurs le souverain et tous les fonctionnaires de l'État. Une politique de bonne gouvernance dont l'inobservation serait préjudiciable. Sans verser dans l'apologie, il est remarquable de constater (nous le vérifierons infra) le niveau de maturité et d'idée de l'État en cours à l'époque et qui seraient les bienvenus dans nos sociétés africaines actuelles. Ceci ne serait d'ailleurs qu'un juste retour des choses.

La maât comme règle de vie

Sur un plan légèrement différent mais toujours en rapport direct avec nos propos, une des opinions de l'égyptologue B. Menu sur la maât mérite d'être explorée. Elle révèle ainsi en toute honnêteté comment la pensée gréco-latine en matière de droit et de justice et qui inspire le fonctionnement des démocraties du monde occidental, a été façonnée sur le modèle de la pensée juridique égyptienne. Elle déclare à ce sujet que : « *Par l'intermédiaire de Platon qui, on le sait, a séjourné longtemps en Égypte, la maât idéologique, cosmique, dans ses expressions politiques, et la maât sociale, humaine, dans sa traduction particulièrement judiciaire, ont probablement inspiré Aristote et sa lumineuse distinction de l'Ethique à*

Nicomaque, entre justice universelle, générale, et justice individuelle, particulière. ».[47] Cette probabilité s'est transformée en certitude à la lueur de ses travaux ultérieurs sur la question. Dans le fil de sa pensée, elle démontre avec clairvoyance que la double nature de la maât, née de la subtilité d'esprit des prêtres-juristes égyptiens dès la naissance de l'État pharaonique, est à l'origine des deux sources de droit contemporain à savoir le droit naturel correspondant à la justice générale (la morale) et le droit positif à la justice particulière. De façon très schématique et sommaire, on sait que le choix du jusnaturalisme ou du positivisme pour ce qui est des relations sociales, est celui qui alimente aujourd'hui non seulement la réflexion des philosophes du droit mais aussi celle de la doctrine et des législateurs. En résumé, une summa divisio ou une dialectique qui porte la réflexion soit sur la possibilité de coexistence de ces deux sources, soit sur le poids de chacune d'elles, soit alors sur la préséance de l'une sur l'autre lorsqu'il s'agit de penser les règles à appliquer à la société.

Cependant, c'est surtout sur le plan institutionnel que l'analyse faite par B. Menu devient plus intéressante en raison des conclusions encore plus parlantes que l'on peut tirer. En effet, l'auteure impute à la dualité du principe de la maât, les raisons de la longévité et de la stabilité du système pharaonique tout en considérant par ailleurs qu'il s'agit là d'un des apports les plus fécondants de l'Égypte à la pensée gréco-latine et donc par extension à la civilisation

[47] Bernadette Menu, Maât, l'ordre juste du monde, Paris, Michalon (coll. Le Bien commun), 2005.

occidentale. Pour bien se comprendre, d'un côté la justice générale, garantie par le Pharaon d'origine céleste et gardien de la Morale, de l'autre et s'appliquant en même temps, une justice particulière régissant les relations sociales et le partage équitable des biens.

Pour ce qui est de cette justice particulière, elle aussi garantie par le Pharaon en sa qualité de gardien de l'ordre social, il est important de préciser que la forme sous laquelle elle est administrée, ne dénature ni son contenu, ni sa vocation. Un manteau religieux enveloppe certes son aspect judiciaire comme on le verra, en ce sens qu'il s'agit d'une justice rendue par des prêtres, dans des temples, sur la base de textes de lois qui y sont conservés, bref avec tout l'apparat religieux mais elle reste une justice éminemment civile dans son fond. Idem pour l'usage du serment fréquent lors des audiences mais qui apparait, après examen, comme un simple mode de preuve, ne suffisant pas à altérer la nature civile. Il faut comprendre qu'elle est avant tout un ordre juridique spécifique, conçu pour règlementer la vie civile en société.

Concrètement donc, il y a la claire séparation des deux ordres juridiques, le parapluie de la Morale étant le dénominateur commun bien sûr. En considération du caractère divin entourant le Pharaon, cela ressemble à s'y méprendre à ce que l'on appelle de nos jours *la bonne gouvernance* avec la dose de sécularisation nécessaire au bon fonctionnement de la cité. Un principe permettant en terre d'Égypte la coexistence d'un ordre juridique d'essence divine et aérien et d'un ordre juridique profane et terrestre régissant la vie sociale sans interférence du premier sur le second, chacun dans sa sphère d'influence et son code de valeurs.

Par l'intérêt qu'elle porte à la maât née au IVe millénaire dans la vallée du Nil et les précisions apportées sur l'emprunt fait par les philosophes grecs, B. Menu ne nous dit-elle pas clairement que cette maât s'est logée dans les cases de la pensée grecque et soumise de ce fait à un processus de maturation ? Elle ne saurait s'y prendre autrement en déclarant que sa découverte de l'emprunt fait par les philosophes grecs *« ... autorise à faire reculer de plus de deux millénaires la naissance d'un concept universaliste fondé sur un important distinguo et promis, au cours de notre propre histoire, à de nombreux commentaires savants »*[48]. Elle va plus loin avec l'excellente définition que voici : *« La maât est une des représentations mentales les plus fortes et les plus efficientes de l'histoire de l'humanité ; elle a imprimé sa marque pendant des millénaires et inspiré le droit occidental* via *les philosophes grecs, Platon et Aristote, puis les jurisconsultes romains et Cicéron. Elle est la clé de voûte idéologique et institutionnelle du régime pharaonique. Elle a permis la survie d'un consensus social fondé sur la recherche par l'autorité suprême de la prospérité dans l'intérêt de tous, sur le partage des responsabilités à tous les niveaux de la hiérarchie sociale, et sur le principe de la résolution des conflits selon les règles de l'équité. »*[49]

---

[48] B. Menu, « Maât, ordre social et inégalités dans l'Égypte ancienne », op. cit.

[49] B. Menu, « Histoire économique et sociale de l'ancienne Égypte », CNRS ÉDITIONS, Paris, 2018.

Un concept affiné par le temps et l'histoire de l'Occident, considéré comme un des rayons lumineux du « miracle grec » dont celui-ci se croit être le porteur initial pour une diffusion universelle. La bonne gouvernance ayant accouché de principes dérivés qui sont aujourd'hui la force de tout État moderne qui s'y conforme : état de droit, séparation de l'église et de l'État, laïcité positive, gestion responsable des affaires publiques, comportement éthique des autorités investies de charges publiques comme la justice ou les finances, etc.

Loin de nous l'idée d'entamer l'apport et les réalisations de la pensée gréco-latine dans la grande aventure de l'esprit humain. C'est un fait indiscutable. Il s'agit seulement de ramener ce qu'on appelle le « miracle grec » à ses justes proportions au nom de la vérité historique. Ceci passe nécessairement par le rappel des apports égyptiens comme cela a été révélé par E. Amélineau pour la cosmogonie et les concepts philosophiques, par Ch. A. Diop pour les sciences exactes, par E. Révillout pour le droit privé et B. Menu pour le système institutionnel et politique.[50]

Pour finir, notons que les intellectuels et le peuple égyptien ont toujours pointé du doigt les manquements à la maât, analysés comme responsables des périodes de crise qui ont jalonné leur histoire. Tous les discours de renaissance prononcés par les pharaons, prophètes ou scribes, promettaient à tout le peuple une réconciliation avec ledit principe.

Nous conclurons par ce qui nous semble un bon sujet de recherche et de méditation pour nos spécialistes en

[50] Se rapporter aux travaux déjà cités de ces auteurs.

aménagement du territoire : les graves crises internes qu'a connues l'Égypte, donc en dehors des invasions étrangères repoussées à n'en plus finir, sont survenues à des moments d'absolutisme royal, lorsque le Pharaon en place se « divinisait » et étouffait le peuple. Ce fut le cas à la 6e dynastie qui a conduit à la révolution osirienne en 2100 av. J.-C., à la 12e dynastie qui a vu la paralysie totale devant l'invasion des Hyksos et enfin à la fin de la 22e dynastie avec un pharaon qui disposait d'un personnel administratif plus enclin à la courtisanerie qu'au sacerdoce pour le bien commun.

DEUXIÈME PARTIE

LE DROIT POSITIF EN ANCIENNE ÉGYPTE

On envisage ici de rentrer un peu plus dans le détail du droit égyptien ancien, en nous focalisant sur certains de ses traits spécifiques. Malheureusement, tout choix renferme en lui une part d'arbitraire surtout lorsqu'il s'est agi pour nous de faire le tri dans l'univers juridique si riche de l'ancienne Égypte qui a fait l'objet de si nombreuses et si savantes études.

Cependant, en nous conformant à notre fil conducteur, notre choix s'en est trouvé facilité. En effet, point n'est en mire une étude approfondie du droit égyptien qui exigerait un travail de plus grande envergure. Il s'agit uniquement, faut-il le rappeler, d'apporter un début de réponse à la question cruciale de l'identité du Droit africain, identité avec laquelle il faudrait se réconcilier afin que cette science sociale qui est le droit puisse occuper sa véritable place dans nos pays. Il ne faut pas en effet perdre de vue qu'en amont de sa fonction normative, le Droit est avant tout un système de valeurs dont la prospérité suppose l'adhésion des citoyens destinataires desdites valeurs. Nous avons déjà eu l'occasion de relever l'attachement des anciens Égyptiens, même sous occupation, à leur Droit qui était fondé sur leur morale religieuse et sur le principe dérivé de la maât.

La marque identitaire prononcée du droit égyptien :

Ce sur quoi il faut certainement plus insister, est la constante remise en vigueur par les dynasties nationales des dispositions juridiques antérieures que des bouleversements avaient abolies. Tel fut le cas avec la réforme juridique de =Bak n rn.f (Bakenranef[51]) ou Bocchoris pour les Grecs, unique et éphémère Pharaon de la 24e dynastie à la basse époque. Ayant des affinités profondes et parti des assyro-chaldéens qui étaient les ennemis traditionnels des nationalistes égyptiens, Bocchoris n'a en fait régné qu'à Saïs, une localité du Delta dans une Égypte en proie à des divisions[52]. Appuyé par ses soutiens asiatiques qui sont un peuple très commerçant (dont la doctrine économique repose essentiellement sur l'échange et l'équivalence en argent de toutes choses), Bocchoris s'écarta des traditions égyptiennes et tenta de laïciser l''Égypte en réduisant fortement le pouvoir des prêtres dans la vie civile.

---

51 Troisième période intermédiaire de l'histoire d'Égypte. Bocchoris a régné de 715 à 720 av. J.-C. « Le serviteur de son nom (Dieu), Le souffle de Râ ». Le mot walaf baken signifiant souffle de vie.

52 Le lecteur a assurément compris que nos fréquentes allusions aux périodes troubles traversées par l'Égypte visent seulement à relever des moments décisifs de l'histoire du droit égyptien. Sûrement épisodiques sur une période de plus de 3000 ans, ces intervalles de crise n'ont été bien sûr que des instants (certes graves) de la longue et paisible histoire de l'Égypte ancienne qui a été propice au rayonnement de sa civilisation.

Il élabora ainsi un code des contrats[53], promut la propriété individuelle sur la terre et favorisa le commerce de l'argent. Dans cet esprit, il assimila les biens immeubles aux biens meubles, permettant ainsi la sortie de terres du cadre strictement familial par une vente pour argent.

S'il permit la vente de terres, Bocchoris repoussa cependant toute idée d'aliénation de terres par voie testamentaire[54]. Bocchoris ne s'arrêta pas en si bon chemin et il fut le premier à introduire en Égypte la pratique chaldéenne du prêt à intérêt (abhorrée par les Égyptiens qui lui préféraient le prêt d'amitié gratuit) même s'il prit le soin de fixer, peut-être par pudeur, un taux légal d'intérêt. On peut à ce titre le considérer comme le premier législateur au monde à avoir fixé une limite que les intérêts, suite à un prêt, ne pourraient franchir. Pour Bocchoris, ce taux légal ne devait jamais atteindre le double du capital. De plus, les intérêts ne devaient commencer à courir qu'après l'échéance. Il ne permit pas non plus, par voie de conséquence, la pratique de l'anatocisme c'est-à-dire la production d'intérêts par les intérêts en matière civile. Là

---

[53] Ce fut pour la première fois que fut posée l'idée du contrat comme « la loi des parties ». Le législateur grec Solon s'en inspira particulièrement.

[54] Malgré son libéralisme, Bocchoris n'osa pas faire admettre le testament qui est une notion incompatible avec la conception bien égyptienne selon laquelle les biens d'une personne sont avant tout des biens de famille. Celle-ci ne saurait donc acter sur des biens pour la période qui suivrait sa mort. Par contre, Solon qui s'est grandement inspiré du code de Bocchoris (à un siècle d'intervalle) admit le testament pour les hommes grecs sans enfants alors que les jurisconsultes romains plus de deux siècles plus tard permirent le testament pour les pères de famille voulant déshériter leurs fils.

aussi, en contradiction avec une pratique très usitée chez les peuples qui l'avaient si bien inspiré.

Bien qu'ayant laissé pratiquement intact le droit des personnes et ait été quelque peu précautionneux en droit des biens, Bocchoris fut finalement destitué et brûlé vif comme hérétique par son successeur, le roi égypto-nubien Shabaka qui abolit toutes ses réformes. Ce dernier qui réunifia l'Égypte en rétablissant la légitimité, fonda la 25e dynastie en alliance parfaite avec les prêtres thébains, gardiens des traditions juridiques ancestrales.

Comme dit plus haut[55], le Soudan nubien, berceau primitif du peuple égyptien, intervenait de façon presque « naturelle » dans les affaires intérieures d'une Égypte troublée et menacée par les étrangers du Delta et ce, souvent à l'appel du peuple égyptien autochtone. Pour des raisons historiques et ethniques, la royauté soudanaise a eu bien des fois à rétablir la légalité et la légitimité sur l'entier territoire égyptien. Il s'ensuivait toujours d'ailleurs une renaissance culturelle et un sursaut national du peuple égyptien. Piânkhy, Shabaka et Taharka[56] de la 25e dynastie furent en même temps rois et pharaons. Ceci n'était pas inédit. On mesure combien est tendancieux le fait de les nommer « les pharaons noirs », question les présenter comme les seuls qui l'étaient alors que c'était la norme. Bien avant eux, Ameny, un roi en provenance du même Sud, prit le pouvoir en terre

---

[55] Voir note 13.

[56] Pour l'histoire, Taharka, successeur de son frère Shabaka, est cité dans l'Ancien Testament comme sauveur des Hébreux pour avoir, vers l'an 700 av. J.-C., sauvé Jérusalem et le temple du roi Salomon des Assyriens.

d'Égypte dans les mêmes conditions et fonda la 12e dynastie sous le nom de Amenemhat Ier.

L'autre atteinte majeure aux traditions juridiques égyptiennes survint près de deux siècles après l'épisode Bocchoris. Elle fut l'œuvre de Amasis (26e dynastie dite Psammétique) dernier pharaon à avoir régné sur l'Égypte. Sa fin de règne coïncida pratiquement avec la prise de l'Égypte par les Perses en 525 av. J.-C. qui voit celle-ci perdre définitivement son indépendance.

Plus étranger qu'égyptien d'ailleurs[57], Amasis est souvent présenté par la majorité des égyptologues (Hérodote, Manéthon, Diodore de Sicile parmi les premiers) comme le pharaon qui a été aux antipodes du code moral de conduite pharaonique si bien décrit par Diodore supra. D'extraction modeste, usurpateur de trône, anticlérical et libertin, Amasis

---

[57] Amasis ou Ahmès II était le général des mercenaires libyens et libyen lui-même par ses origines. Engagé par le Pharaon Apriès pour réprimer une mutinerie de soldats égyptiens, Amasis fut retourné et porté par les mêmes soldats mutins au pouvoir qui reprochaient à Apriés la présence de mercenaires grecs sur la terre d'Égypte. Mal leur en prit car Amasis au pouvoir alla plus loin que son prédécesseur Apriés en permettant à tous les Grecs (mercenaires ou civils) de s'installer pour la première fois en colonie dans la ville de Naucrate, les autorisant à y bâtir des temples pour leur culte. Il leur octroya les meilleurs terrains du temple de Memphis. Ceci amena d'ailleurs les anciens soldats mutins égyptiens à s'expatrier définitivement en Nubie, l'alliée traditionnelle de l'Égypte des pharaons légitimes (Témoignage de Hérodote [II, 154] confirmé par Diodore de Sicile). Il faut savoir que c'est sur cette colonie grecque que s'appuiera Alexandre le Grand deux siècles plus tard pour reprendre l'Égypte des mains des Perses. Ceci amena l'historien égyptien Manéthon à expliquer le déclin de l'Égypte ancienne par la faute du roi Psammétique qui a ouvert le pays à la lie des nations » : les pirates grecs, ioniens, cariens notamment.

a été plus loin que Bocchoris dans la laïcisation de la société égyptienne en ne se limitant pas aux seuls biens mais en l'étendant aussi à l'état des personnes.

C'est ainsi qu'Amasis s'attela à réinstaurer la libre aliénation des terres avec toutes les obligations qui lui sont attachées, à réduire le rôle des prêtres dans leurs compétences juridictionnelles et à promouvoir la liberté du commerce de l'argent, autant d'actes qui avaient valu le bûcher à Bocchoris. Sur un autre plan, Amasis désacralisa le mariage en ne lui faisant avoir effet qu'après une déclaration expresse auprès d'un cens civil et laïque tenu par un magistrat spécial, rendant du coup caduque l'inscription du mariage dans les registres des temples qui antérieurement suffisait à faire foi[58]. Pour finir, Amasis mit la femme sous la tutelle de son époux alors qu'elle avait toujours été l'égale de celui-ci en droit égyptien et il permit la mise en servitude des débiteurs insolvables par leurs créanciers. L'Égypte n'étant plus l'Égypte du temps même d'Amasis, le relais fut pris à sa chute par les conquérants étrangers. Notons que ces deux législations de Bocchoris et d'Amasis en porte à faux avec le droit égyptien pur ont été de fortes sources d'inspiration pour le monde gréco-romain avec lequel elles se rapprochaient le plus.

[58] Nous rappellerons que c'est dans le temple principal de chaque nome que se trouvaient les registres contenant l'état des personnes et l'état des biens c'est-à-dire le cadastre territorial et l'état-civil des personnes. Par ailleurs, il est intéressant de remarquer que le Code de la famille du Sénégal en vigueur a procédé de la même façon qu'Amasis pour laïciser le mariage religieux en subordonnant son opposabilité à l'État par la déclaration de ce mariage auprès de l'officier d'état-civil.

Du rappel de ces deux péripéties de l'histoire du Droit égyptien, nous entreprenons à présent de cibler quelques constantes de ce droit antique en posant un regard sur des modes d'organisation de l'État égyptien, à savoir le statut de la terre et la justice et un autre sur l'état des personnes qui sera suivi d'une analyse critique du Droit égyptien par rapport à notre quête d'identité.

À cette fin, nous forcerons la comparaison avec ce qui se faisait ailleurs par d'autres peuples à la même époque. On pourrait émettre des doutes sur la pertinence de cette démarche comparative en relevant que l'évolution et l'adoucissement des mœurs ont conduit à des modifications profondes du Droit des pays ou groupe de pays qui feront l'objet de la comparaison. Ce serait à votre avis faussement croire que des changements législatifs ont la vertu de faire disparaître ou modifier l'identité première à la base de leurs droits. Il en reste toujours des traces. À bien regarder, bien des modifications législatives, surtout celles concernant les mœurs sont souvent rendues possibles par un procédé intellectuel subtil mais non moins artificiel consistant à considérer nature et culture comme deux réalités nettement séparées, ne se croisant pas. Un retour à cette identité première ne s'imposerait-il pas d'ailleurs, à tout chercheur qui voudrait comprendre le sens et l'origine de ces modifications ? Quitte à nous répéter, l'identité reconnue à un peuple, n'est-elle pas l'indicateur qui, à travers les siècles, explique et justifie l'existence ou le rejet par lui de telle ou telle règle de droit ? C'est la même méthodologie que nous suivons et les mêmes conclusions que nous tirerons en étant au cœur du facteur psychologique qui, à côté de l'historique et du linguistique complète l'identité culturelle.

Soulignons que notre choix des éléments que nous allons présenter, a été guidé par leur actualité dans nos pays africains et en particulier le Sénégal où les questions du foncier, du système judiciaire et celles relatives aux personnes et leurs droits sont, avouées ou non, très sensibles.

CHAPITRE PREMIER
PRÉSENTATION DE DEUX SCHÉMAS ORGANISATIONNELS

Le statut de la terre aux temps pharaoniques

La conception africaine de la terre

Le foncier en Égypte antique a toujours obéi à la conception africaine de la terre, laquelle se retrouvant jusqu'à nos jours dans nombre de pays africains. Il s'agit globalement d'un régime qui n'admet pas que l'individu ait sur la terre un droit d'emprise direct ou un droit de propriété au sens gréco-romain du terme pour ne pas dire occidental. La terre est conçue dans la tradition africaine comme un bien de la communauté et il ne saurait exister pour l'individu qu'un droit d'usage et de travail. C'est donc une conception qui s'oppose à toute idée d'appropriation privée, source de spéculation. Nous sommes ici en présence d'une marque d'identité spécifique, un trait véritable de civilisation.

Elle explique le rejet commun en Afrique de l'usucapion[59]. À l'instar des pays africains ayant connu la

---

[59] L'acquisition de la propriété par conquête ou par suite d'un temps plus ou moins long d'occupation du sol, a été un éternel sujet de conflits entre les habitants de l'Égypte antique et leurs conquérants étrangers comme en témoignent divers procès. On mesure ici la profonde

colonisation, on doit souligner, en prenant l'exemple du Sénégal, les vives tensions qui ont toujours existé entre le colonisateur et les colonisés à propos du régime des terres et les échecs répétés du premier, à coup de décrets, à imposer un système foncier conforme à ses vues. À son indépendance, l'une des premières mesures du Sénégal a été de mettre sur pied une loi qui sera celle dite du Domaine national du 17 juin 1964[60]. Selon cette loi, le droit de propriété éminente sur la terre appartient à la Nation et l'État en sa qualité d'héritier légitime organise pour le bien de tous, l'usage de la terre. L'idée est donc, par un système d'attribution à des fins surtout agricoles, d'assurer la mise en valeur rationnelle des sols. Ceci suffit à établir la concordance quasi parfaite avec ce qui se passait en Égypte ancienne. Là, sur la terre d'Égypte, s'exerçait la propriété éminente reconnue du Pharaon qui incarne en analogie avec le système sénégalais décrit, la qualité et le rôle dévolus à la Nation et à l'État.

Les droits sur la terre

Tout au long de ses 3000 ans d'histoire, il y eut certes divers modes d'attribution, de détention et d'exploitation des terres par des individus mais cependant sans remise en cause du principe de propriété éminente. A côté du Pharaon,

---

différence entre la conception toute occidentale du droit de conquête donnant droit à tout et celle toute africaine qui s'y oppose concernant la terre.

[60] Loi n° 64-46 du 17/6/1964, JORS n° 3962, p. 90. Remarquons qu'après près de 60 ans d'application mitigée pour le moins, une Commission de réforme de cette loi a été mise sur pied sur proposition de la Banque Mondiale pour sa révision dans un sens plus libéral.

la caste sacerdotale bénéficiait à perpétuité de vastes domaines (origine théocratique des institutions égyptiennes l'expliquant) pour le fonctionnement du culte et des offrandes. Quelques seigneurs ou fonctionnaires disposaient aussi de ce privilège mais souvent à temps et en relation avec leurs fonctions. Notons que beaucoup plus tard (à la 18e dynastie), Ramsès II, dans le but d'établir une armée professionnelle et permanente, concèdera à la caste des militaires des terres prises dans son propre domaine royal. Il créait ainsi une propriété éminente tripartite entre lui, les prêtres et les soldats. L'armée de Ramsès II, d'après Hérodote confirmé par Diodore de Sicile[61] était forte de 620.000 piétons (fantassins), 24.000 cavaliers, 27.000 chars de guerre avec un état-major de 1.700 généraux.

En comparaison, l'armée de Thoutmosis III qui avait conquis le monde entier deux siècles plus tôt était plus modeste avec moins de 500.000 combattants, plus exactement 480.000. Pour en revenir à Ramsès II, son effectif militaire montre l'ampleur des terres concédées et l'étendue des remembrements qui ont suivi.

En mettant aussi ce chiffre en relation avec une population totale de moins de 10 millions d'habitants, on mesure la conscience aigüe des dirigeants de l'Égypte antique face à l'impératif de défense nationale et des moyens dont ils se dotaient pour y parvenir.

Au total, on peut dire qu'il existait selon les différentes époques une catégorie assez importante de possesseurs avec des droits réels plus ou moins complets sur la terre. La créativité et l'imagination humaine jouant, cette réalité

---

[61] Hérodote (11-164), Diodore de Sicile (LIII et LXXIII).

foncière a fait naître tout un régime de tenances ou tenures permettant aux concessionnaires d'acter sur leurs possessions immobilières. On rencontre à cet effet de nombreux confiements emphytéotiques, des baux à longue durée, des antichrèses et contrats hypothécaires comme en attestent les papyrus exhumés. Toutefois, il était de règle que les immeubles ou domaines entre les mains d'une famille ne se transmettaient que dans le cadre intrafamilial par voie successorale en parts égales entre tous les héritiers ou en échange contre d'autres biens immeubles. L'idée étant qu'un individu concessionnaire ne pouvait dépouiller sa famille en faisant sortir lesdits biens de la cellule familiale plus ou moins étendue et encore moins pour de l'argent. Sur un plan plus général, la justice pouvait être saisie de tous cas d'expropriations arbitraires ou de rupture unilatérale du fait des « concédants de fait ». L'édit du Pharaon Horemheb que nous avons déjà cité, intimait l'ordre de ne pas déplacer les pauvres paysans de leur gîte, de leur laisser leurs biens meubles et les lopins de terre qu'ils mettaient en valeur. On comprend ainsi tout l'intérêt de laisser le droit de propriété éminente du Pharaon à l'état latent, celui-ci étant l'ultime juge. En résumé, on aboutissait à une sorte d'appropriation individuelle ou familiale de fait de la terre, phénomène encore plus vrai et plus général pour les immeubles détenus par les populations des milieux urbains.

La terre, facteur de production

Voyons à présent les leçons à tirer de la terre prise dans sa dimension facteur de production en Égypte. Comme déjà dit, l'Égypte était un pays essentiellement agricole, le commerce y était sur- -tout pratiqué par des étrangers notamment les peuples orientaux. L'agriculture qui avait motivé les travaux d'irrigation gigantesques n'était pas seulement une source de revenus pour qui travaillait la terre mais était avant tout un devoir social obligeant toute personne au nom du bien public. L'alimentation publique était une priorité nationale. Toute l'organisation de l'agriculture était tendue vers la satisfaction des besoins de la population en termes de production de céréales ou autres denrées, d'approvisionnement en matières premières au bénéfice des ateliers ou manufactures (textiles, tanneries, etc.) et d'extraction minière pour les outils agricoles. La responsabilité première en incombait au Pharaon et les préfets de tous les nomes étaient chargés de l'administration du « domaine du Roi » avec toutes les contingences liées à leurs missions telles que rapportées par le papyrus Kahun, les Mémoires de Rekhmiré et l'édit de Horemheb. Tout comme pour la maintenance des infrastructures hydrauliques[62] et la construction des monuments d'État, les terres à cultiver faisaient l'objet de levées d'hommes pour corvées publiques. Il faut cependant se garder de croire que les hommes réquisitionnés étaient taillables et corvéables à merci, travaillant sous le joug absolutiste du souverain et de sa cour à l'image des esclaves des mondes indo-européen et asiatique de l'antiquité. Il n'y a jamais eu d'esclavage national en Égypte comme on le verra. L'égyptien a toujours joui de son entière liberté en sacrifiant au travail collectif qu'exigeait le service public. Dès la 12e dynastie (environ 2000 av. J.-C.) et vraisemblablement aux périodes

[62] Le Livre des Morts Chap.125 fait de l'endommagement des travaux d'irrigation un péché.

antérieures et ce jusqu'à la basse époque, il était par exemple interdit aux chefs des brigades de travail de faire travailler les hommes au-delà de leur tâche. C'était effectivement par des brigades de 5 ou 10 hommes, organisées au plan administratif, que le travail était exécuté sur des portions égales et précises[63] pour un temps prévu à l'avance. Il ressort des documents de l'Administration très paperassière de l'Égypte la comptabilisation minutieuse des journées de travail, des rations de nourriture journalières fournies aux travailleurs et la liste des outils confiés. On trouve ainsi inscrit en style télégraphique tel quel dans un papyrus écrit par un scribe-étudiant :

« *Liste des ouvriers et paysans qui ont été saisis (réquisitionnés) par Sa Majesté pour le creusement des canaux. Ils sont réunis en masse dans la grande salle. Envoi de prévisions de blé, d'orge, de rations pour leurs attelages, de vêtements de travail et d'eau* »[64].Notons que ces rations et dotations étaient indépendantes des salaires versés.

Voilà ce qu'il en est du statut réel de ce travailleur recruté par réquisition mais nullement esclave. Du travail dans le domaine agricole du roi (mais aussi des temples), il est intéressant de rappeler l'existence déjà notée des « maisons de vie » situées dans tous les nomes et destinées

---

[63] On retrouve toujours dans le walaf les unités de mesure agraire de l'Égypte antique comme  = ẖsb ou hisib (la coudée), = nat' (arpenter) = war (fraction de terrain à cultiver),  =h3t=hët (longueur d'un champ), etc.

[64] Papyrus Anastasy 1 de la période ramesside n° 11, British Museum 10247.

à accueillir les surplus de récoltes après déduction des charges.

C'est de ces magasins royaux, véritables entrepôts de stockage de denrées qu'étaient prélevés les rations et salaires en nature versés aux travailleurs réquisitionnés y compris les subsides dont bénéficiaient les nécessiteux en période de disette[65].

Toujours dans la démonstration de la condition non servile du national égyptien, il importe de vérifier le cas des paysans non impliqués dans le service public. Ces derniers, pour nombre d'entre eux, bénéficiaient de la part de l'État ou des temples de cessions à titre onéreux (bien sûr à temps) de superficies agraires sur lesquelles ils pourraient s'occuper avec leurs familles. Comme dit plus haut, ils étaient en situation de travailler pour leur propre compte, de payer les impôts et même d'acter sur les droits en leur possession sans bien sûr pouvoir aliéner la terre. Condition, comme on le voit, très loin de l'esclavage[66].

---

[65] Cf. la confession de Ameni, Préfet nomarque de la 12e dynastie, supra.

[66] On retient pour sa pertinence la contribution de B. Menu qui, analysant la pratique égyptienne de « contrats de vente de soi-même », retient fort justement que ceux-ci n'équivalaient pas à « des actes par lesquels des personnes libres se livrent comme serves à des tiers disposant sur elles d'une autorité perpétuelle » comme on a pu le croire en un temps. En réalité, ces « contrats de vente de soi-même » désignaient simplement l'engagement d'une partie à louer ses services à une autre pour un temps déterminé. Cf. B Menu, « Les rapports de dépendance en Égypte à l'époque saïte et perse », Revue. Hist. de droit français et étranger, IVe série, vol. 55, n° 1, 1977.

Pour clore sur la question, rien n'est plus parlant que l'évènement ci-dessous relaté qui aura la vertu de nous replonger dans les mœurs de l'époque. Il s'agit de ce qui est considéré comme la première grève connue de l'histoire, rapportée par le scribe Amennakht dans son papyrus et qui s'est déroulée sur un chantier d'État à l'Ouest de Thèbes sous le règne de Ramsès III (1198 à 1166 av. J.-C.)[67]. Différents corps de métiers en charge de construire des temples funéraires et tombes royales dans la Vallée des Rois, avaient arrêté le travail pour non-réception des rations détournées, selon eux, par des prêtres et autres intermédiaires du pharaon. Nous reproduisons in extenso le mémorandum qu'ils réussirent à adresser à des autorités extérieures au chantier aux dires du rapporteur :« *Si nous en sommes arrivés à ce point, c'est à cause de la faim et de la soif ; il n'y a plus de vêtements, plus d'onguents, ni de poissons, ni de légumes ; écrivez au Pharaon notre bon Seigneur sur ce sujet et écrivez au Vizir notre supérieur pour que les rations nous soient données* »

Pour la petite histoire, cette grève se termina au bout de quelques jours, une fois les revendications satisfaites après moult négociations, conciliations et occupations de certains temples par les ouvriers. Le scribe rapporteur de préciser qu'il n'y eut pas mort d'homme.

Ne nous croirions-nous pas à l'époque actuelle en plein mouvement syndical : arrêt concerté du travail,

[67] Au moment de cette fronde, l'Égypte faisait face à une énième coalition des peuples de la mer (Européens) et des Libyens blancs cherchant à l'envahir pendant que Ramsès III combattait en Syrie (Cf. la première partie dudit article).

revendications, piquets de grève, recours hiérarchique, négociations, satisfaction des doléances et enfin reprise pacifique du travail ? Nous sommes à plus de 3000 ans d'écart, rappelons-le.

Ceci nous amène à revenir sur notre interpellation dès l'introduction, à propos de la frénésie entourant les fouilles archéologiques. Ne nous y trompons pas. En effet, en dehors des expositions à but lucratif dans les musées de momies et reliques, il faut déceler toute la présence d'esprit de ces « *remueurs de passé* » comme nous les appelions, consistant à tirer des leçons de vie ou solutions imaginées par un peuple ancien, créatif, habile dans la gestion de la Cité et sage. Peut même y trouveront-ils des systèmes de gestion publique, des mécanismes originaux et méconnus qui, une fois contextualisés et adaptés, seraient parfaitement applicables à la vie contemporaine.

La justice en Égypte ancienne

La justice en Égypte ancienne se cernera sous les deux acceptions auxquelles ce terme renvoie habituellement, à savoir tout d'abord lorsqu'elle se rapporte à l'idéal poursuivi et ensuite lorsqu'elle désigne le dispositif juridictionnel de règlement des différends. Examinons-les successivement.

L'idéal de justice* issu *du principe de la maât

L'occasion nous a été déjà donnée, en examinant le principe de la maât, de voir comment l'idée de justice était supposée faire corps avec une discipline de vie considérée comme le ferment de la stabilité du pays. Au-delà de la juste application des règles sanctionnant positivement ou réprimant des comportements, pratiquer la justice et rendre la justice étaient une manière de vivre, une espèce « d'art de vivre » garantissant l'harmonie de l'ensemble. Rappelons aussi que profondément liée au droit, la morale égyptienne (charité, mesure, équité et respect de l'autre, etc.) commandait l'efficacité des règles juridiques.

À partir d'autobiographies de magistrats égyptiens datant de l'Ancien empire (3e millénaire av. J.-C.) nous trouvons de multiples formules du genre : *« J'ai fait le droit (la maât) pour son seigneur* [le Pharaon] » ou « *J'ai dit le droit, j'ai fait le droit, j'ai dit le bien, j'ai répété le bien…* », ou encore « *J'ai jugé deux plaideurs de sorte qu'ils fussent satisfaits…* »[68]. Pour raffermir nos propos, une immersion dans la littérature classique s'impose. Cette dernière ayant, au fil des siècles, laissé en héritage à travers des contes, romans et livres de sagesse le sentiment qui animait le peuple égyptien lorsqu'il s'agissait de justice. Ainsi en est-il du conte populaire dit du Paysan éloquent dont l'histoire se serait déroulée du temps du Pharaon Amenemhat I, fondateur de la 12e dynastie dans une Égypte en pleine renaissance[69]. Ce conte relate les mésaventures d'un paysan Khounimpou qui se rendait dans la vallée du Nil pour troquer ses produits. En chemin, Khounimpou se voit confisquer son âne et toute sa marchandise par un superviseur d'une grande ferme d'État qui l'accuse, après

[68] Autobiographies rapportées par B. Menu, « Maât, ordre social et inégalités dans l'Égypte ancienne », op. cit. p. 6 et s.

[69] Amenemhat (1991-1962 av. J.-C.), 12e dynastie. Voir Jacob Carruthers, Translation of the Eloquent Peasant drawn from the hieroglyphic text of Vogelsang in "The irritated Genie, Chicago, Kemitic Institute, 1985. D'autres spécialistes le font remonter à l'époque du pharaon Khaty III aux alentours de la 9e ou 10e dynastie (Première période intermédiaire).

un piège qu'il lui a tendu, d'avoir empiété sur les terres de cultures et causé des dégâts sur les récoltes. Répondant au nom de Nemtynakht, le superviseur était sous l'autorité du haut fonctionnaire responsable de la localité, le noble Remzy. Devant les violences exercées et l'abus d'autorité du superviseur, Khounimpou alla se plaindre auprès de Remzy qui saisit sur le champ les membres du Conseil local qui faisaient office de juges. Le Conseil local prit le parti du superviseur et classa l'affaire sans suite sous prétexte que l'affaire était mineure et qu'il n'y avait pas de preuves. Khounimpou saisit alors directement Remzy en appel. L'éloquence avec laquelle le paysan plaida sa cause impressionna tellement Remzy qu'il en fit part au Pharaon en n'omettant pas de lui signaler l'érudition et les talents rhétoriques du paysan. Le pharaon lui aussi impressionné, ordonna cependant à Remzy de laisser l'affaire traîner en longueur en feignant de l'ignorer avant de lui rendre justice. Le stratagème du Pharaon était que le paysan orateur continue de se plaindre à sa façon si érudite et que ses réclamations soient transcrites par écrit. Le Pharaon ordonna aussi que l'on supplée aux besoins du paysan et à ceux de la famille qu'il avait laissée pour tout le temps que devaient durer ses discours. Ainsi, neuf fois de suite, Khounimpou s'adressa à Remzy en usant de discours savants dans lesquels, dépassant son propre cas, il disserta sur les devoirs et missions des dirigeants de la cité. En effet, s'il dénonce dans ses discours le superviseur qui l'a dépouillé et les juges du Conseil local qui ont été complices, Khounimpou fait aussi le procès de la mal gouvernance, de l'abus d'autorité au niveau de l'État et avertit des conséquences négatives de la corruption à l'échelle nationale. Il plaide aussi longuement en faveur de l'éthique dans le comportement des agents publics.

Après que le souverain eût fini de lire le dernier des 9 beaux discours, il ordonna à Remzy de faire justice à Khounimpou l'endurant alors même que lassé, ce dernier s'apprêtait à partir. Toute sa marchandise lui fut rendue ainsi que son âne auxquels on ajouta tous les biens de Nemtynakht le véreux, en dédommagement y compris son emploi. Nemtynakht devint aussi pauvre que Khounimpou l'avait été.

Au bout de ce conte, on constate toute la panoplie des principes juridiques qu'il met en exergue : égalité de tous devant la loi, accès à la justice, double degré de juridiction et surtout liberté d'expression. Khonimpou adresse une grande variété de questions relatives à la justice sociale et prévient, en cas de manquements, des dangers encourus par l'individu et la nation dans son ensemble.

Ce conte, loin d'être le seul du genre, trouve ses prolongements dans les instructions que Rekhmiré et Horemheb (18e et 19e dynastie) donnaient aux agents publics et aux juges pour qu'ils fassent de l'impartialité leur crédo. Un enseignement du Livre des sagesses le dit admirablement :

« *N'accorde pas une attention exagérée à celui qui possède de beaux vêtements et ne méprise pas celui qui est en haillons. N'accepte pas les dons de l'homme puissant et ne persécute pas le faible à ton profit. La justice est un don divin.* »[70].

On ne peut s'empêcher de comparer cet enseignement vieux de 4.000 ans aux mots de Jean de la Fontaine synthétisant la défiance de bien de citoyens du monde d'aujourd'hui vis-à-vis de leur justice avec plus de liberté cependant que le poète à son époque :« *Selon que vous serez puissant ou misérable, les jugements de Cour vous feront blanc ou noir* »[71].

Plus remarquable encore est la déclaration d'impartialité adressée par le Pharaon Ramsès III aux juges de la Cour Spéciale devant juger les coupables d'assassinat manqué contre sa propre personne et parmi lesquels certains de ses plus proches[72]. Après avoir listé les juges choisis pour la Cour Spéciale qu'il a constituée, Ramsès III qui s'interdit de prendre part aux débats dit à ceux-ci :

« *Les paroles qu'ont dites les hommes (les accusés) je ne les connais pas. Approchez pour les examiner en justice, allant et jugeant, faisant mourir en leurs membres ceux qui ont fait mourir de leurs mains. Je ne les connais pas, moi ! Faites aussi corriger les autres (leurs complices). Je ne les*

---

[70] François- Xavier Hery, « Le grand Livre des Sagesses de l'Égypte - L'Égypte, berceau de l'humanisme », Ed. Ramsay, 2008.

[71] Jean de la Fontaine, « Les animaux malades de la Peste », Les Fables - Recueil II, livre XII, 1678.

[72] Papyrus judiciaire de Turin détenu au Musée archéologique de Turin (Italie) contenant les actes d'accusation et les personnes impliquées à l'occasion du complot dit de la « conspiration du harem » Deux autres papyrus Lee et Rollin se rapportent à la même affaire mais concernent des actions différentes.

connais pas, par le fait. Allez donc ! Examinez vous-même et faites ce que votre cœur dira à votre bouche, en ayant soin que votre cœur corrige seulement qui le mérite. Celui qui a fait une infraction, ramenez-le sur sa face. C'est moi qui les frappe assurément (pas vous). Si cette action quelconque est leur, celle qui a été faite, faites être tout ce qu'ils ont fait sur leur tête. Moi, je protège, je sauf- garde à jamais. Je suis pour les rois justes qui sont devant Amon Ra, Roi des dieux, devant l'examinateur Régent de l'Éternité, le juge suprême des morts. »

Cette propension des Pharaons pour la justice et l'indépendance des juges a été relevée par Plutarque[73]. Ce dernier qui se vantait d'avoir visité l'Égypte (à l'époque, un tel voyage suffisait à lui seul pour revendiquer une érudition) a en effet rapporté que les rois égyptiens « faisaient prêter serment aux juges que si le prince leur ordonnait quelque chose d'injuste, ils n'obéiraient pas ». Pour revenir à la déclaration de Ramsès III, quelques phrases méritent qu'on s'y arrête pour en démontrer toute la richesse. D'abord, en disant ne pas connaître les paroles prononcées par les accusés (aveux certainement obtenus par torture), le Pharaon invite les juges à les évaluer eux-mêmes, en libre conscience pour y démêler le vrai du faux (« Approchez pour les examiner »). Ensuite, en proclamant qu'il ne connaît pas les accusés (alors que nous savons pour sûr que certains lui étaient proches), Ramsès III souhaite

[73] Grec d'origine (46-125 apr. J.-C.), Plutarque fut un penseur majeur de la Rome antique. On lui doit, entres autres écrits, « Les Œuvres morales. Tome I : Apophtegmes des rois et des capitaines célèbres », spécialement le paragraphe « Usage des rois d'Égypte ».

avant tout mettre les juges à l'aise, qu'ils ne prennent en compte ni les titres et personnalités des accusés, ni l'affection qu'il pourrait avoir, lui Pharaon, pour les accusés. Autrement dit, il appartient aux seuls juges de les connaître et de les sanctionner. Enfin, et non moins remarquable, les propos disant : « C'est moi qui les frappe assurément », marquant la réalité d'un exécutif (c'est-à-dire lui le Pharaon) qui applique une sentence prononcée par le judiciaire.

Voilà bien des sujets de méditation pour nos jeunes magistrats en formation et pour nos juges. Fort heureusement, cette méditation et cette réflexion sur notre système judiciaire actuel commencent à être adressées.[74]

Le système judiciaire

L'organisation judiciaire de l'Égypte ancienne se répartissait en Cours et Tribunaux présents sur toute l'étendue du territoire couvrant les régions et les nomes. Ces juridictions qui étaient, soit institutionnelles soit ad hoc, traitaient séparément dans la plupart des cas les affaires civiles et les affaires criminelles. Sur le plan technique et pour une idée d'ensemble, on peut dire qu'il y avait une compétence générale d'attribution au Pharaon et à ses délégués puisque nous trouvant dans un État monarchique, mais avec cependant une compétence judiciaire quasi

[74] Voir à ce propos Cheikh Tidiane Lam, « La modernisation de la Justice au Sénégal : vers la recherche de performance », Éditions L'Harmattan, mars 2019. Répondant à sa problématique lors du passage en revue des nombreuses réformes de la Justice dans son pays, M. Lam a réussi à « penser » le système judiciaire c'est-à-dire à poser les axes majeurs de ce que devrait être une bonne administration de la justice.

d'exception dévolue expressément à la caste des prêtres pour ce qui relevait du droit civil. Le Pharaon était surtout le juge des crimes et délits. Il n'empêche qu'il pouvait être saisi en vertu du droit de pétition directe, lui ou ses délégués locaux, d'affaires plus civiles qu'administratives ou pénales.

- En ce qui concerne la matière civile (c'est-à-dire le règlement des causes liées à l'état des personnes, à l'hérédité ou à la transmission des terres par exemple) et confiée aux prêtres, il y avait deux degrés de juridiction. La juridiction suprême était celle des trente juges ( =n swt n)[75], des prêtres choisis par élection dans les trois principaux sanctuaires de l'Égypte. Lisons là encore une fois de plus Diodore de Sicile en témoigner avec plus de talent[76] :

« *Les Égyptiens apportaient un soin tout particulier aux jugements, pensant que les décisions prises dans le tribunal ont, sous un double rapport, la plus grande importance dans la vie sociale ; car il leur parut évident que si les criminels étaient punis et si ceux qui avaient été opprimés étaient secourus, on pourrait aussi réprimer les crimes, mais que si au contraire la terreur imprimée aux méchants par la justice pouvait être effacée soir par argent soir par faveur il en résulterait le trouble de toute société. Ce n'est donc pas sans raison qu'ils ordonnèrent de mettre à la tête de la justice les personnages les meilleurs des plus nobles*

[75] n swt n = ñi sut ñi ou ña sut ña, littéralement en walaf actuel désignant les personnes haut placées dans la hiérarchie d'une Administration ou d'une organisation.

[76] Diodore de Sicile (Liv I, L XXV, LXXVI).

cités et qu'ils choisissaient dix juges d'Héliopolis, dix juges de Thèbes et dix juges de Memphis (les trois principaux sanctuaires de l'Égypte), ce qui formait une assemblée non inférieure à l'Aréopage d'Athènes et au sénat de Lacédémone. Ces trente juges réunis en un seul collège – et certes un collège excellent ! – devaient eux-mêmes choisir un grand juge, que la ville (dont il provenait), remplaçait aussitôt (parmi les trente par nouvelle élection). Le vivre et tout le reste était fourni à ces sages par le roi, mais beaucoup plus abondamment au grand-juge. Celui-ci portait l'image de la vérité (la déesse Ma  *) en pierres précieuses, suspendue à son cou par une chaîne d'or. La cour entrait en délibération quand le grand-juge se revêtait de cet emblème. Alors toutes les lois, écrites en huit livres, ayant été apportées auprès des juges, l'usage était que le plaignant montrât par écrit le sujet de sa plainte, les circonstances du délit et l'estimation du tort fait. Le défendeur après avoir reçu le libelle de son adversaire, répliquait également par écrit à chaque chef d'accusation et montrait qu'il n'avait pas fait action qu'on lui reprochait ou qu'en l'accomplissant il n'avait pas commis de faute ou du moins que s'il avait commis une faute il méritait une moindre peine. Ensuite le plaignant répondait encore par écrit et le défendeur répliquait de même à son tour. Quand chacune des parties avait ainsi proposé aux juges deux libelles c'était aux trente élus à dire chacun leur avis et l'office du grand-juge consistait à présenter l'image de la vérité à ceux qui controversaient de la sorte. C'est ainsi que tous les jugements se faisaient chez les Égyptiens qui étaient d'avis que les avocats ne font qu'obscurcir les* *causes par leurs discours et que l'art de l'orateur, la magie de l'action, les larmes des accusés, entraînent souvent à fermer les yeux sur la loi et la vérité. En effet, il n'est pas rare de voir les magistrats les plus exercés se laisser séduire par la puissance d'une parole trompeuse. Aussi croyaient-ils pouvoir mieux juger une cause en la faisant mettre par écrit et en la dépouillant des charmes de la parole. De cette manière les esprits prompts n'ont aucun avantage sur ceux qui ont la parole plus lente, les expérimentés ne l'emportent pas sur les ignorants ni les menteurs et les effrontés sur ceux qui aiment la vérité. Tous jouissent de droits égaux ; car un temps suffisant est accordé par la loi aux adversaires pour exposer ce qu'ils ont à dire l'un contre l'autre et aux juges pour comparer et juger leurs dires contradictoires.* ».

Cette Cour suprême si admirablement décrite par Diodore n'a pas pourtant manqué de subir les effets de la politique défiante du Pharaon Amasis vis-à-vis des institutions et traditions de l'Égypte ancienne. En effet, on se rappelle que Amasis, pharaon atypique et très anticlérical, avait octroyé aux Grecs des terres sacrées appartenant à des temples, suscitant l'indignation du clergé égyptien. Lorsque ce dernier finit par saisir la Cour Suprême de Thèbes., normalement compétente, Amasis qualifia l'affaire d'administrative plutôt que civile pour la faire juger par son propre Conseil privé (sorte de Conseil d'État) qui s'empressa évidemment de valider la cession qu'il avait faite. Cet exemple bref nous montre l'ancienneté de la ruse en politique par la manipulation des règles de droit.

Pour ce qui est toujours de la juridiction civile, on trouvait à un degré inférieur des tribunaux civils composés aussi de prêtres notamment dans les grandes villes des nomes. On se doit donc de les considérer comme des juridictions de première instance par rapport au Tribunal suprême de Thèbes. On peut facilement déduire que le cérémonial dans chaque tribunal local devait être le même que celui de Thèbes et qu'il devait y avoir le nombre de 10 juges. Ce qu'il faut également noter, est que la saisine des tribunaux par les justiciables était subordonnée à la preuve préalable de leur filiation par un état civil régulier et si l'affaire portait sur des biens immeubles, l'indication claire du propriétaire dans le cadastre[77]. Ces informations étaient tirées des registres publics conservés dans les temples et dont nous avons déjà dit qu'ils contenaient tout l'état-civil des personnes, l'état des biens et le cadastre des terres situées dans la localité.

Concernant à présent le droit appliqué par ces juges-prêtres, Diodore nous a déjà fait part dans son extrait cité, de l'existence d'une part de livres de lois qu'ils consultaient et opposaient aux faits de la cause, et d'autre part d'un droit contractuel sur les questions civiles laissées en dehors des lois.

Par rapport à ce dernier, les juges vérifiaient sa régularité quant à la volonté réelle des parties contractantes et quant au respect des mœurs du pays. Tous les contrats, qu'ils soient de vente, d'échange, de mariage ou de prestations de services, etc. étaient entourés de formalités. Un formalisme scrupuleux qui s'explique par le fait, comme le dit Diodore, qu'il n'y avait pas d'avocats. Tout un ensemble de preuves préconstituées étaient nécessaires pour conférer à l'acte

---

[77] Voir les papyrus grecs 1er de Turin, n° 31 et 37.

contractuel son authenticité. À défaut, le contrat n'était pas recevable et était « déchiré » comme l'on disait. Parmi ces formalités : la prestation obligatoire de serment à la charge des parties qui s'engageaient et qui était recueillie dans les temples, la participation de témoins (12 ou 16) dont les témoignages figuraient au dos de l'acte et surtout la présence de notaires qui donnaient la légalité à l'acte en le signant. La profession de notaire seulement occupée par les scribes, vit son apparition en Égypte dès l'antiquité avant d'être imitée par les Grecs d'abord (qui l'appelaient « monographe ») puis enfin par le reste du monde.

- Pour ce qui est de la matière criminelle, c'est-à-dire celle regardant les crimes et délits, elle est organisée autour du Pharaon en tant que premier responsable de la sécurité et de la sûreté de l'État. Il était aidé dans cette tâche par les responsables de toute son administration territoriale avec au premier rang le grand vizir. Si l'on ne peut sans risque, affirmer qu'il existait des magistrats professionnels, point n'est le cas s'agissant des espaces ou lieux de justice ainsi que de personnes qui, en raison de leurs fonctions dans l'État, se voyaient investies de l'autorité de rendre la justice. A côté des temples faisant office de tribunaux en matière civile, on rencontre dans le vocabulaire juridique des termes se traduisant en salle d'audience ( =ḏ3dw), en magistrats et assesseurs (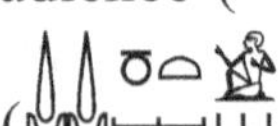 =ḏ3ḏ3t) y compris en procureurs (=wHm ;  ...  = ro n nswt n ... bat)[78].

L'organisation du dispositif judiciaire est quant à elle assez classique, similaire à ce que nous avons par exemple au Sénégal, avec une compétence rationne loci coexistant avec une compétence ratione materiae. Ainsi, s'agissant de délits mineurs, la justice était rendue par les magistrats locaux (« les préposés aux querelles ») ou par des représentants locaux de la communauté du lieu de l'infraction (à l'image du Conseil local dans le conte du Paysan éloquent).

Pour ce qui était des délits majeurs ou de crimes tels que les pillages de sarcophages, les vols avec violence ou meurtres, ils étaient traités soit par les gouverneurs de province ou préfets soit par le grand vizir en personne.

Tout ceci entrait dans le cadre d'une procédure ordinaire parce qu'il existait aussi une procédure extraordinaire pour les crimes d'État ou de lèse-majesté comme on a pu le voir lors de l'affaire de la conspiration du harem. Les divers papyrus relatifs à cette affaire nous ont instruit sur la constitution par le pharaon d'une Cour spéciale de 12 membres représentant la magistrature assise et sur la présence au procès d'un procureur du roi (le wḥm = la bouche du roi) chargé de l'accusation représentant la

[78] ḏ3dw : jadu en walaf (ce qui est conforme à la règle, à la norme, aux usages ; whm : répéter, bouche du roi : wah en walaf (signifiant action de parler). Notons que le second terme ro n swt n … bat pour procureur (bouche du roi) reste intelligible au mot près avec le walaf actuel : rô(tal) bat(mi) sut = divulguer la parole de l'autorité suprême = porte-parole du roi.

magistrature debout. Il faut y ajouter la présence de scribes jouant le rôle de greffiers en établissant les comptes-rendus d'audience qui nous permettent aujourd'hui d'y avoir accès.

À cette grande distinction entre l'accusation et le jugement, venait s'ajouter en amont le travail du magistrat qui avait été chargé de l'instruction.

Pour ce qui est du cas particulier de ce procureur ou de ce ministère public, d'autres papyrus montrent sa présence dans des procès criminels décidés à l'ordinaire[79].

Marquons ici un temps d'arrêt pour insister sur le fait que toutes ces règles de procédure si « modernes » exposées aujourd'hui en vitrine comme gage de l'État de droit ont, confectionnées sur le continent africain, plus de 3000 ans d'âge selon l'estimation la plus basse. Il faut se rendre à l'évidence que c'est tout le mythe de datation des progrès juridiques de l'humanité, inculqué et arbitrairement attribué à certains peuples qui n'y sont arrivés pour la plupart qu'au 19e siècle après J.-C., qui s'effondre. Cela souligne encore une fois l'impérieuse nécessité pour le juriste africain de se réapproprier, en réendossant son identité, les modes de pensée juridique si féconds. Il faudra pour cela qu'il garde toujours en mémoire ce qu'était l'essence même du droit égyptien. Nous comptons dire tout à l'heure comment nous pensons pouvoir arriver à cette démarche que nous croyons salutaire.

---

[79] Les papyrus Abbott (British Museum) et Amherst (Morgan Library and Museum (New-York) traitant respectivement d'accusations de vols commis dans un temple (Thèbes) et de violation de sépultures royales.

Pour en revenir au système répressif en vigueur dans l'Égypte ancienne, il convient de se pencher sur la panoplie de peines qui sanctionnent les infractions.

La plus lourde était la peine de mort avant son abolition par Shabaka[80], Pharaon de la 25e dynastie et gardien fidèle des traditions égyptiennes, qui lui substitua la peine de travaux forcés dans les mines ou carrières comme rapporté par Hérodote et Diodore. Première abolition de la peine de mort dans l'histoire de l'humanité il y a plus de 2700 ans[81]. Amasis l'aurait cependant rétablie deux siècles plus tard selon Diodore[82]. Ce dernier nous apprend que la peine capitale était infligée 1°) à l'auteur d'un crime contre l'État (complot, lèse-majesté), 2°) pour parjure (violation de serment, 3°) à l'homme qui ne portait pas assistance à un individu que l'on tuait ou que l'on violentait devant lui, 4°) aux Égyptiens qui négligeaient d'indiquer aux magistrats leurs moyens de subsistance (lutte contre le parasitisme social et le banditisme), 5°) au meurtrier d'un esclave aussi bien que d'un homme libre, 6°) aux enfants qui avaient tué leurs parents.

À une échelle inférieure, on trouvait toujours selon Diodore des sanctions tout aussi cruelles aussi bien sur le plan physique que moral comme : 7°) l'obligation pour les parents qui avaient tué leurs enfants de les tenir étreints

---

[80] Celui-là même qui avait brûlé Bocchoris pour hérésie.

[81] Pour mémoire, rappelons que pour l'Europe qui passe pour être le continent le plus abolitionniste, il a fallu attendre la seconde moitié du 18e siècle apr. J.-C. pour voir seulement se poser le débat philosophique sur l'efficacité de la peine de mort, notamment avec la publication de l'œuvre de Cesare Beccaria « Des délits et des peines » (1764).

[82] Diodore (L.1, LXXVII et LXXVIII) listant les différentes peines.

contre leur poitrine pendant 3 jours et 3 nuits (sanction considérée comme plus sévère que la mort), 8°) l'indignité et l'infamie prononcées contre les déserteurs et les mauvais soldats (considérés comme plus graves que la mort), 9°) langue coupée à ceux qui avaient révélé des secrets à l'ennemi, 10°) les 2 mains coupées aux fraudeurs des poids et mesures, aux falsificateurs de documents publics ou privés et autres faussaires, 11°) castration des violeurs, 12°) ablation du nez de la femme adultère et 1000 coups de bâton à l'homme adultère et enfin 13°) trois jours de jeûne et coups de bâton à l'homme qui, empêché à cause de son infirmité de porter assistance à une personne en danger, n'a pas au moins indiqué les brigands aux magistrats.

CHAPITRE DEUXIÈME

ÉTAT DES PERSONNES ET ANALYSE CRITIQUE DU DROIT ÉGYPTIEN

La condition des personnes en Égypte est un autre élément marquant la spécificité de ce pays par rapport aux autres peuples de l'antiquité. Les droits reconnus aux personnes en Égypte étant largement tributaires de la manière dont ce peuple percevait l'individu dans son entièreté qu'il soit homme, femme, enfant ou en étant de servitude.

À l'inverse de Plaute dont s'est inspiré Hobbes pour dire que « l'homme est un loup pour l'homme » (idée qui continue d'influencer fortement la pensée occidentale), Sénèque qui se targuait lui aussi d'avoir été en Égypte, déclarait plutôt que l'homme est une chose sacrée pour l'homme[83]. Cette conception tendant à voir l'homme comme une institution sacrée, a conditionné le régime juridique que nous allons présenter.

---

[83] - Plaute, écrivain et dramaturge romain (254-184 av. J.-C.) dans son œuvre « La comédie des ânes », env.195 av. J.-C.

- Sénèque, homme d'État romain et philosophe (4 av. J.-C.- 65 apr. J.-C.).

- Thomas Hobbes, philosophe anglaise du 17e siècle qui a bâti sa théorie du Léviathan sur la croyance de l'inhérente bestialité des rapports d'hommes entre eux.

L'état des personnes étant un sujet vaste, nous allons l'aborder en ciblant des questions précises et encore sur des aspects particuliers pour rester fidèle à notre choix d'origine consistant à traiter de points, objet d'intérêt dans nos pays africains.

Nous adresserons ainsi la personnalité civile et la famille avec un accent particulier sur la condition de la femme avant de conclure sur une analyse critique des informations obtenues depuis le début de notre quête, sorte de résumé – bilan de ce que l'on peut en tirer au plan scientifique.

Personnalité civile et famille en Égypte ancienne

Le statut de la femme **égyptienne :**

Dans son Précis de droit égyptien antique, Eugène Révillout souligne qu'Hérodote et Euripide (dramaturge grec) « plaisantaient à l'envi » en raillant le mari égyptien à cause de la liberté dont jouissait sa femme qui n'avait pas besoin de son autorisation pour toutes les stipulations qu'il lui plaisait de faire. Ont-ils même, à demi-mots et de façon très simpliste, attribué ce statut particulier à la beauté légendaire des femmes égyptiennes qu'ils n'ont cessé par ailleurs de rapporter. Plus sérieusement, l'avantage de cette anecdote est de prouver encore une fois que ces Grecs étaient ici non pas des hommes de leur temps mais de leur monde indo-européen et en général de tout ce monde non africain qui environnait l'Égypte. Bien que s'étant instruits en Égypte, la plupart des philosophes grecs considérés comme les héros et hérauts de ce « miracle grec » à qui l'Occident doit son progrès, ne pouvaient se résoudre à assimiler la leçon d'égalité homme/femme de leurs maîtres égyptiens. De Platon à Aristote son élève, en passant par

Hippocrate, nombre de théories « savantes » qu'il est superflu et même indécent de relever ici, ont été élaborées pour démontrer l'infériorité congénitale du sexe féminin. La formule de Cicéron, homme d'État romain, « *propter imbecillitatem sexus* » résumant le tout. Il s'agit là d'un véritable invariant identitaire[84] qui s'est prolongé jusqu'à nos époques les plus récentes.

Bien de l'eau a coulé sous les ponts dira-t-on, mais les mouvements féministes d'Occident veillent encore aujourd'hui de façon militante et vigilante pour rendre irréversibles les avancées majeures de leur lutte pour l'égalité. Il ne faut pas en effet oublier que si en Angleterre, pays des admirables suffragettes menées par Emily Pankhurst, 1928 a été l'année où le droit de vote a été étendu à toutes les femmes[85], 1928 a aussi été l'année où l'on a reporté un énième cas de vente d'une femme par son mari dans un marché en Galles du Sud. Jusqu'au premier quart du 20e siècle donc, c'est-à-dire il y a moins de cent ans, un homme pouvait en Angleterre vendre sa femme au marché pour payer ses dettes. Rien de tout cela en Égypte pharaonique où homme et femme étaient déjà égaux il y a plus de 6000 ans. Ceci dit sans nul esprit chauvin d'arrière-garde.

Nous avons déjà indiqué plus haut la conception philosophico-juridique qui avait amené l'Égypte ancienne à mettre l'homme et la femme sur un pied d'égalité civile

---

[84] Le professeur Cheikh Anta DIOP utilise l'expression plus savante et certainement plus seyante d'« invariant culturel ».

[85] On notera que les femmes françaises ont voté pour la première fois en 1945 et que pour les femmes suisses, il a fallu attendre 1971.

absolue. Une conception très évoluée qui ne pouvait admettre que la position sociale d'un individu puisse être déterminée par une supposée force ou faiblesse du sexe (comme on dit). Autrement dit, que l'état social soit déterminé par un fait de nature sur lequel il ne pourrait y avoir aucune prise. Peut-on seulement réaliser qu'à une époque si lointaine le fait était déjà séparé du droit ? Ceci est d'autant plus vérifiable qu'en Égypte ancienne, la situation légale de la femme ne s'est trouvée amoindrie que du fait de législations « non nationales » comme celle d'Amasis ou du fait de rois étrangers conquérants comme on va bientôt le voir.

Cette manière de penser, caractéristique de l'identité culturelle, est toujours présente dans nombre de collectivités de pays africains dont les coutumes n'ont pas été altérées par les influences étrangères.

Traditionnellement donc, la femme égyptienne a toujours été l'égale de l'homme. On ne trouve dans la prolifique littérature égyptienne antique, nulle trace d'un péché originel commis par la femme ou des contes et légendes asseyant son infériorité. On la voit au contraire, dans les stèles et monuments des temps les plus anciens, représentée assise à côté de son mari à rang égal et à égale dignité ou alors debout et posant sa main sur l'épaule de son époux, entourée de ses enfants.

Dans l'exercice du pouvoir suprême, des femmes ont régné directement sur l'Égypte en qualité soit de reines, soit de régentes ou alors indirectement en tant que mères, épouses ou sœurs de pharaons[86]. Il en est de même s'agissant de la caste sacerdotale où les femmes pouvaient exercer les professions éminentes de grandes prêtresses.

Au niveau domestique, l'égyptienne était la ( =nbt=nebet)[87], la maîtresse de maison, la propriétaire avec les droits les plus étendus sur l'éducation des enfants, l'administration des biens du ménage et des siens propres ainsi que la liberté d'exercer une profession.

Quant au père de famille égyptien, il était à l'opposé du pater familias romain qui détenait un pouvoir de maîtrise absolu (la potestas) sur tous les membres de sa famille et sur tous les biens conformément à la Loi des XII tables[88].

Le père de famille romain avait en effet, un véritable pouvoir de vie ou de mort, l'autorisant même à disposer de ses enfants qu'il pouvait céder à temps en servitude à des

---

[86] Les femmes pharaonnes sont même parfois représentées avec des barbes postiches sur les monuments ou stèles. Citons Neferousobek (12e dynastie : 1802 av. J.-C.), Hatchepsout (1480 av. J.-C.), Meryaton (1335 av. J.-C.) Taousert (1188 av. J.-C.). Quant à Cléopatre, son règne est survenu bien plus tard (51 apr. J.-C.) et il faut préciser qu'elle n'était pas égyptienne de race,elle appartient à la dynastie macédonienne des Lagides Ptolémée. Elle est donc grecque et non égyptienne de race même si une récente étude prétend lui avoir trouvé des traces de sang africain en examinant la dépouille d'une des sœurs utérines reposant en actuelle Turquie.

[87] Nbt = nebet, dont dérive le mot walaf nab= aimer d'amour, nabi= l'aimé(e) et par extension nob= aimer, nobel= amour, etc.

[88] La Loi des Douze Tables est le plus ancien ensemble des lois écrites de Rome dans l'Antiquité. Elles étaient écrites sur douze tablettes de bronze déposées près du forum romain. Elles ont été rédigées entre 451 et 449 av. J.-C. C'est la table VI qui institue la patria potestas (la puissance paternelle).

créanciers. Pour extrême que soit l'exemple romain, le pouvoir autocratique du père de famille, du patriarche était, avec plus ou moins de modération, la norme chez les autres peuples. En contraste, ce dont était créancier le père de famille égyptien, c'était plus le respect que la vénération. Il est à voir comme le gardien et le garant de l'unité familiale.

Depuis les anciennes époques, le régime matrimonial de droit commun était celui de la communauté des biens comme en attestent de nombreux contrats démotiques. Un régime de communauté mettant l'épouse au même rang que l'époux quant aux biens et droits. Parmi les usages dont se gaussait Hérodote, celui d'établissement de contrats de mariage par lesquels les femmes pouvaient se voir garantir la propriété des biens de leurs maris pour les transmettre aux enfants. Il n'était pas rare d'ailleurs de voir le père céder de son vivant, la propriété de ses biens à ses enfants en n'en gardant que la jouissance pour le reste de sa vie. Autant d'actes concernant le mariage lui-même qui étaient passés sous serment avec l'onction des prêtres.

Au niveau de la famille, garçons et filles bénéficiaient des mêmes droits civils et d'hérédité. Une sœur et un frère héritaient à parts égales de leurs ascendants et bien sûr en parts indivises s'il s'agissait de bien immeubles. On rappelle que ces derniers restaient une propriété familiale ne pouvant faire l'objet que d'échange contre d'autres immeubles. Le statut d'aîné pouvait ainsi échoir aussi bien à la fille qu'au garçon de la famille. Un ou une aînée n'était ni plus ni moins que le représentant du reste de la fratrie. L'expression était que l'aîné(e) « se tenait debout » ( =cẖc)[89] au nom de ses frères et sœurs dans l'intérêt de la famille.

En résumé, la femme égyptienne jouissait de sa pleine capacité civile : actant, estant en justice et exerçant des professions sans besoin d'une assistance légale. Tel n'était pas le cas pour les femmes des autres peuples de l'antiquité, placées qu'elles étaient sous la tutelle ou la curatelle des pères, maris, frères ou même de leurs fils. Les obligations qu'elles pouvaient contracter devant être autorisées ou approuvées par ceux-ci.

Une fois fermée la parenthèse Amasis qui avait mis la femme égyptienne sous la tutelle de son mari, celle-ci a continué d'agir avec tous ses droits civils même dans une Égypte ayant perdu son indépendance nationale. En effet, le jeu de conflit de lois interpersonnelles qui avait cours, permettait d'appliquer toujours le droit égyptien aux Égyptiens de nationalité. Les autres femmes d'autres nationalités (perse ou grecque principalement) établies en Égypte étaient régies par leurs droits nationaux qui les mettaient sous la tutelle de leurs hommes. Il a fallu attendre l'arrivée au pouvoir de Ptolémée Philopator, un roi de la dynastie grecque régnant sur l'Égypte pour voir la femme égyptienne de race perdre son autonomie. Philopator avait étendu par décret royal en l'an 4 de son règne la loi grecque du patriarcat à tous ses sujets. Dès lors, la femme égyptienne vécut sous tutelle maritale, source d'un nouvel état civil. L'autorisation ou l'adhésion de son mari devint

[89] cẖ c = tahaw, taxaw ; =cẖcw = tahawu, taxawu « se tenir debout (pour quelqu'un) », aider, assister en walaf actuel.

nécessaire pour tous les actes et aliénations qu'elle réalisait. Les transmissions par voie contractuelle que faisait le mari au profit de sa femme pour la progéniture commune, disparurent peu à peu. L'Égypte inaugura en ces temps l'ère du mari responsable de tous les membres de la famille et des biens.

La situation des enfants

Leur position dans la famille et ce, à l'instar de la mère, dépendait du statut reconnu au père de famille. Comme nous l'avons souligné, l'homme égyptien n'était pas le pater familias romain avec un pouvoir écrasant sur les membres de la famille. La condition de l'enfant égyptien était donc, par comparaison aux autres cultures antiques, beaucoup plus favorable. Il ne pouvait pas, au nom de la morale si caractéristique du peuple égyptien, servir par exemple pour le père de monnaie d'échange comme c'était fréquemment le cas ailleurs. On apprend en effet de Tite-Live (Auteur de « L'histoire de Rome depuis sa fondation »[90]) la pratique monstrueuse consistant pour des débiteurs à livrer leurs propres enfants en esclavage à des créanciers en gage pour des dettes. Précisons même si cela est de peu d'importance, car ne changeant rien au fond, qu'étaient concernés aussi par cette pratique les enfants dits de bonne famille. Diodore rapporte la même chose concernant le monde grec en soulignant les efforts déployés par Solon le sage disciple des prêtres égyptiens pour mettre fin à cette pratique. Les peuples d'Asie centrale n'étant pas

[90] Tite-Live, historien romain (59 av. J.-C.- 17 apr. J.-C.) a écrit l'Histoire de Rome à partir de 31 av. J.-C. pour une période s'étalant de 324 av. J.-C. à l'an 6 av. J.-C.

en reste puisque Eugène Révillout[91] fait mention dans son Précis de « *plusieurs tablettes, tant Ninivites que Babyloniennes, qui montrent des parents, vendant, cédant leurs enfants et les livrant en gage comme ils l'auraient fait pour des esclaves, en garantie de leurs* dettes ». En Assyrie, on retrouve des actes écrits par lesquels des parents vendaient leurs filles à l'état d'épouses ou les cédaient en gage à l'état de servantes. On peut donc dire qu'il s'agissait d'une coutume largement répandue au niveau des peuples de l'époque à l'exception de l'Égypte pharaonique pour les raisons avancées plus haut.

Par Diodore, nous savons aussi que l'Égypte antique était le seul peuple de l'antiquité qui obligeait les parents à nourrir leurs enfants (L.1, LXXX) et qui voyait la forte natalité comme contribuant le plus à la prospérité de l'État. Aucun enfant n'y était considéré comme illégitime alors même qu'il aurait été conçu en dehors d'une union conjugale comme cela advenait entre des Égyptiens et des femmes esclaves. Reconnu par le père, l'enfant était mis par la loi sur le même pied que les enfants légitimes avec tous les droits liés aux transmissions héréditaires. À l'inverse du droit gréco-romain où le fils ou la fille né(e) d'une esclave était esclave lui-même, pouvant être vendu par son père.

Aux parents égyptiens, père ou mère, il revenait d'assurer l'éducation de leurs enfants, ils devaient les instruire ou leur apprendre le métier qu'ils doivent exercer (L.1. LXXXII). Encore une fois, nous sommes très loin de Sparte, la cité grecque réputée pour ses guerriers célèbres où les enfants étaient la propriété de la cité qui faisait noyer

[91] Précis de Droit égyptien, op. cit., p. 482 et s.

les plus faibles. En Grèce de façon générale, autant Platon, Aristote et Hippocrate se sont distingués pour l'adoption de pratiques malthusiennes en vue de l'édification de la cité idéale consistant à se débarrasser du surplus d'enfants. Cette pratique resta longtemps en vigueur. Les religions révélées vinrent expressément l'interdire, surtout pour les petites filles qui en souffraient le plus. Ce bref rappel nous permet d'ouvrir une parenthèse sur la survie de pratiques anciennes qui se logent dans l'inconscient collectif des peuples. En effet, nous en sommes là aux origines de la pensée économique bien occidentale de contrôle des naissances, qui serait source incontournable de croissance économique. Ceci est antérieur comme on le voit au confort né de l'habitude prise pour des familles très réduites, devenue un genre de vie.

Du côté maintenant des enfants égyptiens arrivés à maturité, l'obligation était pour eux de subvenir aux besoins de leurs parents. Le respect dû aux père et mère était une prescription dont font écho les livres de sagesse.

On trouve dans les papyrus du scribe Ani les conseils qu'il adresse au-delà de son seul fils, à tous les enfants en direction de leur mère[92] :

« C'est moi qui t'ai donné ta mère. Mais c'est elle qui t'a porté et en te portant elle a eu à souffrir bien des peines dont elle ne s'est pas déchargée sur moi. Tu es né après les mois de grossesse et elle t'a porté comme un véritable joug, sa mamelle dans ta bouche, pendant trois années. Tu as pris de la force et la répugnance de tes malpropretés ne l'a pas dégoûtée jusqu'à lui faire dire : « Oh ! que fais-je ? ». Tu

[92] Papyrus considéré comme datant du 18e siècle.

fus mis à l'école : tandis qu'on t'instruisait dans les écritures, elle était chaque jour assidue auprès de ton maître, t'apportant le pain et le breuvage de sa maison. Tu es arrivé à l'âge adulte, tu t'es marié, tu as pris un ménage. Ne perds jamais de vue l'enfantement douloureux que tu as coûté à ta mère et tous les soins salutaires qu'elle a pris de toi. Ne fais pas qu'elle ait à se plaindre de toi, de peur qu'elle n'élève ses mains vers Dieu et qu'Il n'écoute sa plainte. »

« Rends au double le pain que ta mère t'a donné. Porte-la comme elle t'a porté »

Toujours dans son exposé, Diodore nous confie que plutôt que les fils, c'était aux filles de subvenir aux besoins du père[93]. Il nous rapporte aussi une coutume étrange mais suffisamment symbolique du respect dont jouissaient les parents : il s'agit de l'usage introduit aux environs de la 12e dynastie selon lequel on pouvait donner en garantie d'une dette le corps des parents morts parce que l'on avait la certitude de voir la dette honorée par les enfants qui n'allaient pas courir le risque d'une infamie et d'une privation de sépulture (L.1, XCIII). Il convient de préciser

[93] E. Révillout exhibe une série de contrats démotiques portant sur la famille dans son livre. Dans l'un, il s'agit d'un fils qui promet par contrat à sa mère une pension alimentaire en nature, notamment en mesures de blé et, en cas de mauvaises récoltes de l'héberger chez lui jusqu'au retour de l'abondance (Précis de Droit égyptien, p. 988). Parallèlement, un autre contrat nous interpelle en raison de son appellation : un contrat de prestations entre une « bonne d'enfant » et une famille que Révillout traduit directement de l'égyptien ancien en contrat de « Hon Khelit » = Hol khale = xool xale en walaf signifiant le contrat de surveillance d'enfant (Précis de Droit égyptien, op. cit., p. 73).

sinon de rectifier quelque peu les propos de Diodore quant à l'opération de gage à laquelle il fait allusion. En fait, l'objet de la sûreté ne porte pas sur la dépouille qui serait remise au prêteur en garantie d'une dette. Le raffinement des Égyptiens et leur respect devant la mort s'y opposant. Il s'agissait plutôt d'une cession temporaire au prêteur de droits ou revenus liés à l'entretien à perpétuité des sépultures dont étaient titulaires les héritiers des défunts[94] .

La condition des personnes en situation de servitude

Il s'agit principalement des serviteurs et des esclaves. Nous avions dit déjà que l'esclavage au sens où l'on l'entend généralement, n'existait pas en Égypte pharaonique. Ceci en raison de l'organisation étatique du travail par le système de levées d'hommes pour les corvées d'intérêt public et par la possibilité pour le « petit peuple » d'avoir des droits partiels sur la terre qu'ils pouvaient exploiter à leur propre compte. Nous avons aussi vu que les contrats dits de « vente de soi-même », qui ont été retrouvés, ne devaient pas être pris au pied de la lettre parce que désignant plutôt des opérations de vente de journées de travail. Il y avait des domestiques et des serviteurs : des « bak » ou « bëk ».

---

[94] Voir à cet égard B. Menu « Histoire économique et sociale de l'Égypte ancienne », op.cit., p.303 et s. En effet, il était de coutume que les futurs occupants des sépultures affectent, de leur vivant, des biens immeubles (notamment des terres arables) dont on tirerait des revenus et rentes pour l'accomplissement des rituels funéraires à perpétuité. Une partie de ces biens produits revenant bien sûr aux héritiers des propriétaires des sépultures. C'est sur ces revenus et rentes matérialisés en droits que portait le gage dont il est question.

Voilà ce qui ressort de la culture égyptienne authentique. L'esclavage était inconnu du national égyptien. Comparant l'Égypte aux autres peuples antiques, E. Révillout affirme que *« Le mot affranchissement n'existe ni en hiéroglyphes, ni en démotique, ni en copte même – tant l'esclavage tel que l'ont compris les Romains et les Grecs, avec ses diverses conséquences, l'absence de tout lien de famille, l'isolement de l'individu dont on disposait séparément d'une façon quelconque semblait contraire aux vieilles traditions de ce peuple »* (Précis du Droit égyptien, op. cit., p. 604). Il n'en demeure pas moins que l'esclavage a pu pénétrer les mœurs égyptiennes, les victimes ayant été à l'origine les étrangers indo-européens et asiatiques prisonniers de guerre des campagnes militaires menées par les Pharaons.

Selon certains égyptologues, ceci serait apparu au début de la 18e dynastie. Pour d'autres, l'esclavage aurait émergé au cours de la 25e dynastie s'ils ne le font pas remonter à Alexandre le Grand (donc très tard) qui l'aurait introduit. Dans tous les cas, le phénomène est tardif et serait dû à des causes extérieures d'autant plus que l'Égypte antique n'ayant connu la monnaie que très tardivement, les esclaves ne pouvaient être achetés. C'est donc au départ des étrangers qui recevaient le nom de (dyam)[95] . Thoutmosis III aurait par exemple capturé à la bataille de Megiddo 350 seigneurs de guerre avec leurs serviteurs hommes et femmes[96]. Les ennemis étrangers s'ils n'étaient pas mis à

---

[95] Littéralement esclave en walaf, par opposition à bak ou bëk = serviteurs dans la même langue (voir note 31).

[96] Pierre Grandet, « Les Pharaons du Nouvel Empire : une pensée stratégique », Paris 2008, p. 91.

mort, étaient ramenés en Égypte, donnés à des particuliers ou aux temples pour l'exécution de travaux et recevaient même parfois des noms égyptiens pour ceux qui étaient considérés comme assimilables.

Ce qu'il faut retenir, c'est que l'esclavage pratiqué en terre d'Égypte, était en tous points différents de ce qui se passait sous d'autres cieux. Pour être cru, de ce qui se passait aux Etats Unis et dans les Caraïbes il n'y a pas si longtemps, même si cela nous désole de réveiller un souvenir honteux et douloureux. Il ne pouvait en être autrement, comme l'a déjà si bien compris le lecteur, en raison de l'identité profonde du droit égyptien partagé par le reste des peuples africains au Sud du Sahara. Et pourtant, l'Égypte, pays pacifique dès l'origine, a connu la brutalité des invasions étrangères, ce qui avait d'ailleurs motivé sa diplomatie de guerres préventives qui l'ont menée à dominer le monde et asservir des peuples entiers.

Au total, malgré les menaces et agressions subies, la solidité du code moral égyptien n'a jamais été ébranlée. Ce dernier s'opposait à la négation de la personnalité civile du vaincu par le vainqueur. Pour cruel qu'ait été le marquage au fer rouge, il était avant tout un moyen d'identification du captif dans la masse des étrangers qui y vivaient. Un étranger n'en valait donc pas un autre sur le strict plan de l'apparence physique comme peinent à s'y conformer encore aujourd'hui bien des pays face à des minorités résidentes.

On rappellera que le meurtre d'un esclave y était considéré comme équivalent au meurtre d'un homme libre et puni de la peine de mort. Le législateur grec Dracon (638-659 av. J.-C.) considéré comme le père de la démocratie à

Athènes avait imité cette loi avant que Solon ne transforme la sanction en amende pécuniaire au profit du maître. Sur le sol d'Égypte, « *l'esclavage était contraire à l'éthique de la maât égyptienne* »[97]. C'est la raison pour laquelle l'esclave étranger était justiciable devant les tribunaux comme un homme libre en cas d'évasion ou de commission d'une infraction. Hérodote nous apprend que l'esclave souffrant d'abus de la part de son maître pouvait se réfugier dans les temples, faire intervenir l'autorité publique et même par ce biais, espérer retrouver sa liberté en se consacrant à la caste sacerdotale.

L'esclave était déclaré (droit à l'état-civil), avait des droits familiaux (stabilité sociale), pouvait posséder des biens puisqu'il payait des impôts en nature. Il pouvait aussi se déplacer librement. Profonde différence de conditions avec ce qui se passait en Grèce ou à Rome et chez les autres peuples où l'esclave n'était vu que comme un objet[98], sans attache et dépouillé de tout droit. Là où la Loi des 12 Tables à Rome permettait à des créanciers de se partager le corps d'un débiteur défaillant en le découpant en morceaux, on imagine aisément le statut de l'esclave[99]. On vérifie par ce dernier exemple que hors d'Égypte, la dette dans son essence ne posait pas un problème financier mais bien d'ordre existentiel vu que c'est de son paiement ou non que dépendait le destin du débiteur.

---

[97] Voir Bernadette Menu, « Les rapports de dépendance en Égypte à l'époque saïte et perse », op. cit.

[98] Voir à ce propos, Pierre Grandet, « Sous le joug des Pharaons » l'histoire, octobre 2003.

[99] Loi des Douze Tables, Table 3.

Nous ne pouvons terminer cette partie sans une brève allusion au système des castes que l'on rencontre aussi en Égypte. Ce système procédait d'une organisation du travail avec des corps de métiers regroupant les professions manuelles : maçons, sculpteurs, barbiers, cordonniers, bouchers, cuisiniers, ouvriers du bois ou du métal, etc. dont la transmission du savoir-faire était familiale et héréditaire. Les prêtres étaient organisés en castes et même les militaires.

Notons cependant que la carrière très respectable de scribe qui ouvrait les portes de la haute administration, semblait très démocratique d'accès. En effet, si l'on se réfère au papyrus Anastasy n°1 (British Museum n°10 247) cité par E. Révillout qui convoque F. Chabas qui l'a traduit : pour être scribe, il y avait des examens à passer pour avoir les diplômes nécessaires[100]. Une extraction sociale très humble n'était donc pas un frein pour le métier de scribe.

Apport de l'héritage juridique dans la quête d'identité

La pertinence d'un ressourcement *juridique*

Comme déjà annoncé, l'idée ici est de voir comment le legs juridique de l'Égypte antique peut éclairer le Droit africain contemporain. Ceci passera par un résumé-bilan des différentes règles et institutions qui ont été passées en revue. Il convient au préalable de faire deux remarques.

La première consistera à dire que la comparaison faite entre le droit égyptien et celui des autres droits antiques ne vise pas à dresser une échelle de valeurs entre les peuples. Nous persistons à croire que le droit est le produit d'un environnement et que certaines règles secrétées qui peuvent

[100] François Chabas (1817-1882), Mélanges égyptologiques, 3e série, 1874.

nous apparaître étranges sinon même parfois cruelles, sont dictées par des conditions de vie particulières. Tel peuple aura une morale pacifiste en raison d'un environnement favorable qui le poussera à l'optimisme avec comme conséquence des règles douces, tel autre aura une morale guerrière dictée par un environnement de survie et adoptera des règles qui paraîtront rudes au premier nommé. L'unanimité est de mise à ce propos chez les chercheurs.

Il n'en demeure pas moins vrai que des manières de penser et de voir survivent chez un peuple après bien des siècles ou même des millénaires alors même que les conditions initiales ayant présidé à leur éclosion ont disparu. Le professeur Cheikh Anta Diop nous parle avec lucidité de ces « *invariants psychologiques et culturels que les révolutions politiques et sociales, même les plus radicales, laissent indemnes non seulement chez le peuple, mais chez les chefs même de la révolution* »[101].

Isoler l'identité du Droit africain est assurément un défi mais que nous pensons pouvoir relever avec profit, en partant du legs juridique égyptien qui a été imaginé et façonné par ceux-là même qui l'ont oublié. En ressuscitant la mémoire, on ne fait que restituer un élément constitutif de cette identité. Le sous-développement de l'Afrique s'explique en grande partie par cette perte d'identité car perdre son identité, c'est perdre ses repères en provoquant chez les personnes un sentiment et un état d'immobilisme improductif. À quels principes juridiques faut-il s'accrocher pour se bâtir ? Quelles règles juridiques adopter à des fins d'harmonie ? Telles sont les vraies questions auxquelles il

---

[101] Cheikh Anta Diop « Civilisation ou Barbarie », op. cit. p. 277-281.

faut apporter de vraies réponses. Il ne s'agit pas d'appliquer des recettes mais plutôt s'attacher à en confectionner.

Ceci nous amène tout droit à notre deuxième remarque qui est de préciser que notre démarche ne relève pas d'une nostalgie d'un passé tout glorieux qu'il puisse être. La connaissance ou plutôt la reconnaissance du droit égyptien vise surtout pour nous, à faire acquérir une autonomie de pensée dans une matière importante comme nous le démontrons ci-dessous.

L'examen du contenu du droit antique nous montre comment le peuple africain de l'époque, fidèle à son identité propre et répondant aux défis de son environnement, a pu se doter de règles qui l'ont fait rayonner. En nous replongeant dans la vie des anciens Égyptiens, nous découvrons que pratiquement rien de ce qui nous est présenté aujourd'hui comme « moderne » et « nouveau » en provenance de l'extérieur ne l'est réellement. À la limite, voyons-nous même des reculs et régressions. Il s'agit seulement d'en prendre conscience car « *aucune pensée, aucune idéologie n'est, par essence étrangère à l'Afrique, qui fut la terre de leur enfantement. C'est donc en toute liberté que les Africains doivent puiser dans l'héritage intellectuel commun de l'humanité en ne se laissant guider que par les notions d'utilité, d'efficience* », « *… la plupart des idées que nous baptisons étrangères ne sont souvent que les images brouillées, renversées, modifiées, perfectionnées des créations de nos ancêtres…* »[102]. Dans le panorama du droit égyptien, nous avons rencontré à chaque étape des règles et institutions qui nous sont familières et originaires

[102] Cheikh Anta Diop « Civilisation ou Barbarie », op. cit. p. 12.

du sol africain. C'est de là qu'est né tout notre intérêt à transcrire tous les termes qui ont subsisté en wolof dès lors qu'ils se rapportaient au droit ou s'en rapprochaient. Le retour à l'Égypte ancienne devant représenter pour le Droit africain d'aujourd'hui une source légitime d'inspiration et provoquer une forme de réconciliation avec lui-même.

Retour sur le paysage juridique de l'ancienne Égypte

Pour ce qui est de la base du droit égyptien antique, nous avons vu le rôle fondamental joué par le principe de la maât qui est le siège des hautes valeurs morales régissant toute la marche de l'État à tous ses niveaux. Véhiculée par la religion, cette morale rappelait constamment à l'homme que la grandeur du fort se trouvait dans le bonheur du faible ou à tout le moins qu'il ne se trouvait pas dans l'oppression du faible (c'est ce qui explique toute la différence de traitement entre l'esclave en Égypte et l'esclave du monde gréco-latin ou asiatique, ravalé à l'état de chose, objet de propriété et isolé de tout noyau familial dès sa capture). L'esclave avec des droits en terre d'Égypte ne pouvait donc être comparé, pareil pour le serviteur ou le travailleur réquisitionné qui ne pouvaient être chargés de travail au-dessus de leurs forces en précisant qu'ils étaient payés bien sûr. Ces mêmes soucis d'équité et de pondération poussaient les plus hautes autorités de l'État à réprimer les exactions d'une administration trop zélée ou corrompue.

On retiendra une ambiance familiale stable avec comme norme commune le système matrimonial de communauté des biens apte à garantir les possessions futures du ménage aux enfants qui en seront issus. Au centre de cette famille moyenne égyptienne, la femme maîtresse de maison, nullement infantilisée et bénéficiant d'une présomption irréfragable de vertuosité. Son implication à tous les niveaux de la vie politique et de la vie civile, démontre comment était étrangère à la mentalité égyptienne, l'idée d'un « sexe faible » opposé à un « sexe fort » qui légitimait la domination du second sur le premier. On ne peut pas faire l'impasse sur une stèle datant de la première période intermédiaire (2180 av. J.-C. – 2055 av. J.-C.) représentant des femmes armées défendant une ville assiégée et qui nous rappelle l'héroïsme des femmes de Nder au Sénégal[103]. La parité homme/femme, l'accroissement des filles à l'école, l'accès privilégié à des postes de responsabilité, etc. ne sont à l'observation qu'un juste retour des choses dans nos pays à l'heure actuelle. Crier donc excessivement victoire risque à coup sûr de divertir en donnant le sentiment d'avoir remporté des avancées majeures dans la cause des femmes.

De l'enfant égyptien, nous ne rappellerons que l'enveloppe protectrice qui l'entourait et qui étonnait si fort Strabon[104] qui ne comprenait pas que les Égyptiens ne s'adonnent pas à la coutume gréco-romaine de l'exposition (abandon pur et simple dans la nature de nouveau-nés non désirés ou issus d'esclaves). Cette forme d'infanticide à des fins de contrôle des naissances n'a été finalement abolie par l'empereur

---

[103] Women's Earliest Records from Ancient Egypt and Western Asia (Brown Judaic Studies 166) Providence 1989.

- Nder, village du royaume du Walo au nord du Sénégal où les femmes, en l'absence des hommes, ont défendu avant de périr toutes, leur cité attaquée par des pillards maures et des esclavagistes en novembre 1819.

[104] Historien et géographe grec (63 av. J.-C. – 23 apr. J.-C.).

romain Constantin dit le Pieux qu'en 315 apr. J.-C.[105]. Comme nous l'avons dit plus haut, tous les enfants égyptiens étaient légitimes, conçus ou pas dans le mariage. Il n'y avait que des enfants de père inconnu. Nous voyons bien tout l'intérêt à ce que les acteurs politiques et législateurs d'Afrique se réimprègnent de leur identité *« kémite »* pour adresser le fléau des enfants de la rue et de la traite que des explications culturelles ou socio-économiques de bonne conscience, ne sauraient justifier. C'est aussi, tout en laissant survivre la présomption de bonne foi, être au moins circonspect ou prudent face aux politiques de dénatalité et de baisse de la fécondité concernant l'Afrique, présentées comme la solution miracle, et ce de façon quasi obsessionnelle par des hommes politiques et organismes étrangers de plus en plus audacieux.

L'organisation administrative et judiciaire nous a montré que des solutions avaient été apportées dès l'antiquité à des problèmes aujourd'hui rencontrés par les pays africains, solutions largement imitées et toujours réactualisées par les peuples étrangers qui ont été et continuent d'être à l'école de l'Égypte antique. Tel est le cas d'abord pour les registres d'état- civil et d'état des biens, facteurs d'ordre sur tout le territoire égyptien. Un état civil toujours entretenu, nécessaire pour contrôler la population aussi bien locale qu'étrangère, identifier les individus, connaître la main-d'œuvre mobilisable, retrouver les filiations et les liens familiaux, combattre l'oisiveté. Il fallait être enregistré pour pouvoir ester en justice et défendre ses droits. Un autre

---

[105] G. Minois, « Le poids du nombre : l'obsession du surpeuplement dans l'histoire. » Paris, Perrin, Coll. Pour l'histoire, 2011, p. 57-64.

élément de ces registres : le cadastre qui reprenait l'état du sol. Son système de gestion et sa bonne tenue rempliraient d'aise nos urbanistes et spécialistes de l'aménagement du territoire. On est en effet, saisi d'admiration en lisant les descriptions des immeubles d'habitation et des terres cultivables faites sur les comptes- rendus d'audience lors des litiges. Les dispositifs des jugements ne donnent pas seulement des adresses précises mais fournissent en plus les demeures ou champs contigus à l'objet du différend avec les noms de leurs propriétaires. Ceci n'est pas étonnant pour autant puisque ce sont les Égyptiens qui ont inventé le plan urbain à damier (encore appelé hippodamien) qui permettait d'aménager leurs villes en rues parallèles et perpendiculaires d'une même largeur et convergeant toutes vers des avenues ou rues principales. Une grande ville comme le Dakar d'aujourd'hui, avec certains quartiers aux rues sinueuses et des impasses aussi inattendues qu'improbables, détonerait à coup sûr aux yeux des concepteurs de ce système si sophistiqué et fort ancien. Par mesure de sécurité publique, les boulangeries et ateliers de poterie étaient installés en dehors de la ville pour éviter les risques posés par leurs fours.

Judiciairement, l'examen du procès de la conspiration du harem qui s'est déroulé il y a plus de 3000 as, nous a révélé l'existence déjà à l'époque de procédures ordinaires et extraordinaires, d'une magistrature assise qui rendait jugement, à côté d'une magistrature debout chargée de l'accusation. Les fonctions d'accusation, de jugement et d'instruction étant nettement séparées. Par rapport à l'instruction, le papyrus Abbott fait expressément référence à un magistrat se rendant à la prison pour procéder à l'interrogatoire de prisonniers et faire à la suite un rapport écrit (par des scribes – greffiers) au terme de sa mission. Rappelons encore cette coutume des pharaons inaugurée dès l'Ancien empire consistant à faire prêter serment aux juges qui juraient de désobéir au cas où ils leur donneraient des instructions illégales. Comme nous le voyons, les leçons de déontologie et de bonne justice ont des racines bien lointaines pour qui prendrait la peine d'en tirer le meilleur parti parce que tellement parlantes.

On pourrait dire la même chose pour ce qui est du droit international privé avec les questions de conflit de lois, de conflit de juridictions opposant les Égyptiens et leurs conquérants.

Regard sur le droit des obligations

Le droit des obligations, siège des conventions et contrats privé mérite quelques développements qui seront en relation avec ce que nous croyons être les défis qui attendent la doctrine juridique africaine. Pour cause, le droit égyptien ancien, très évolué, a connu et généré une multitude de contrats de droit commun ou de contrat spéciaux quasi identiques à ceux que le droit contemporain retient. Une liste non limitative de ces contrats a été ainsi rencontrée : vente, bail, cession de créance, hypothèque, gage, antichrèse, affermage, prestations de services de toutes sortes, entreprise, échange, partage, etc. Il est impératif à nos yeux que le juriste africain en particulier le chercheur en soit pleinement averti. Plus exactement, c'est la prise de conscience de l'appartenance de ces figures contractuelles à notre histoire juridique (les ayant imaginées et même conçues pour la plupart), qui pourrait provoquer l'esprit critique salutaire à leur égard. Autrement dit, s'imprégner des circonstances et du contexte de leur apparition pour libérer l'esprit créatif si nécessaire à la production juridique. Parce que finalement de quoi s'agit-il ? Certes, ces conventions et contrats cités ci-dessus et relativement connus, existent bien dans nos codes civils et commerciaux mais malheureusement importés tels que compris et adaptés par ceux chez qui nous nous sommes inspirés lors de la confection de nos codes à l'indépendance. Dès réception, ils ont été inscrits dans le marbre, attitude en accord avec la théorie universaliste qui voudrait qu'existât une relation de cause à effet entre la progression de la pensée juridique et le niveau atteint de développement économique. Ceci ne concerne d'ailleurs pas seulement le lien contrats et économie mais bien d'autres centres d'intérêt du droit qui ont été explorés depuis. Notre crainte est donc de voir notre doctrine (regroupant nos enseignants-chercheurs) impuissante à jouer son rôle d'influence dans la création de la règle de droit même si elle n'en est qu'une source indirecte. En effet, les articles de doctrine qui doivent animer la recherche scientifique risquent de se ramener pour l'essentiel à de simples exercices visant à démontrer la bonne compréhension de ces figures contractuelles telles qu'importées dont on aura compris tous les méandres et toutes les nuances.

Des exercices bâtis selon un modèle de plan défini dont l'exigence au strict respect frise la sacralisation, se rapprochant plus du chef- d'œuvre littéraire par l'emploi du mot juste. L'utilisation à volonté de la doctrine des pays d'origine et de la jurisprudence locale calquée sur celle desdits pays achevant d'en rapporter la preuve. À y regarder de plus près, même le format de plan imposé pour la rédaction (et ce dès la première année) reflète la seule intention qui le sous-tend de vérification que celui qui restitue a bien compris ce qu'il a appris. Comme nous le voyons, l'énergie intellectuelle déployée dans ce cas convoquera plutôt les capacités de mémorisation que l'esprit critique et créatif.

Nous ne nions pas qu'il puisse en sortir et qu'il en sorte de très bons articles, mais là n'est pas la question. Nous pensons seulement que c'est contre de pareils écueils que se trouve tout l'enjeu lié à la quête d'identité. Encore, est-il utile de bien repréciser que ce n'est pas de quête d'originalité qu'il s'agit mais bien d'identité. Les juristes avertis le comprendront très vite, en ce qu'ils sont conscients que dans leur domaine où l'interprétation est plus un art qu'une science, ce qui importe est moins le mot ou l'appellation donnée à une figure que la réalité qu'il véhicule. Si nos mots persistent à rester vagues dans l'esprit de certains, voici comment on pourrait résumer l'invite à eux faite : indépendamment du nom donné à un contrat tel que reçu, nous en appelons à la réflexion et au travail sur la mécanique interne contenue dans toute figure contractuelle comme nous le savons, mécanique qui, lorsqu'actionnée dans un sens ou dans un autre (selon les objectifs poursuivis), produit des résultats différents dans l'application de deux contrats pourtant identiquement nommés.

Un exemple peut être pris du contrat de vente au Sénégal et en France qui ont tous deux le même objet (d'où le même nom) c'est-à-dire pour rester basique : une chose remise contre un prix à payer. Nous savons cependant que la mécanique interne dudit contrat fonctionne différemment notamment au niveau du transfert des risques : le contrat de vente au Sénégal étant un contrat réel alors qu'en France, il s'agit d'un contrat consensuel.

Un exemple différent parce que non contractuel pouvant aussi être pris avec la loi sur le Domaine national si malheureusement malmenée aujourd'hui dans son esprit premier qui consistait à se défier de l'appropriation privée de la terre si contraire à l'identité africaine.

L'identité reconquise et comprise telle que rapportée sera seule à même de générer une initiative d'action, une remise en cause productive de la situation paralysante qui nous impose cette quête.

Nous devons en effet nous démarquer du *mythe du discours légitime d'autorité* ainsi que le recommande sagement le Professeur Abdel Kader Boye, afin de nous octroyer le droit d'inventaire et de réflexion personnelle face à tout concept juridique d'où qu'il vienne. Il exprimait, avec un brin d'amertume peut-être, sa crainte justifiée en des termes qui n'ont rien perdu de leur actualité :

« *L'efficacité du mythe du discours légitime ou d'autorité ne tient pas le plus souvent au discours lui-même mais aux conditions sociales de son émission parmi lesquelles les institutions jouent un rôle privilégié. Dans le domaine universitaire, c'est l'instauration d'une hiérarchie entre les locuteurs, qui n'est pas souvent fondée sur la compétence mais sur l'aptitude à se conformer au paradigme imposé, qui fonde la légitimité et l'autorité du discours. Si nous ne perdons pas de vue le fait que les anciens dominés (politiquement s'entend) ont, dans les disciplines des « sciences » juridiques, reçu les enseignements des Maîtres du Nord avec la volonté de devenir comme eux jusque dans leur comportement, leurs tics, leur langage, nous ne sommes guère surpris de constater que, une fois que l'accès à ce type de hiérarchie leur est assuré, ces anciens dominés se muent en de simples transitaires des idées qu'ils ont reçues. Et ils se contentent de gérer leurs titres avec le sentiment de constituer les élites de leurs pays sans prendre la peine de réévaluer le système de représentation qui leur a été légué et sans s'interroger sur la représentation élitiste des élites elle-même : (...)*[106].

Toujours en matière de droit des obligations, prenons encore l'exemple de la théorie dite du solidarisme contractuel remis au goût du jour il y a quelques années, et qui charme bien des juristes africains notamment au sein de nos universités[107]. Théorie préconisant l'introduction ou le renforcement dans les contrats, de notions telles que la bonne foi, la loyauté et la solidarité face aux rigueurs d'un libéralisme pur et dur dans lequel la partie faible (consommateurs ou petits professionnels) est écrasée par la partie forte. Ces préoccupations sont en tous points comparables à la pratique juridique égyptienne consistant à privilégier la morale et le sens moral dans le droit des contrats. Cette théorie du solidarisme contractuel est un exemple significatif. Les juristes africains auraient non pas pu mais dû être ses précurseurs, s'ils étaient suffisamment instruits d'un passé juridique dont ils sont les héritiers.

---

[106] Abdel Kader Boye, op. cit., p. 466-467.

[107] Luc Grynbaum et Marc Nicod, « Le solidarisme contractuel », Ed. Economica, 2004.

Interaction du Droit et de l'Économie

Il nous est revenu que l'Égypte apparaît comme une exception singulière, une des raisons pour lesquelles elle continue de fasciner. En dehors de la Nubie qui est sa nation sœur, elle était fondamentalement différente des autres peuples. Nous n'avons eu cesse tout au long de ce travail de souligner les hautes valeurs philosophiques et morales qui déterminaient la vie des personnes et des institutions. Pour ne pas subir la critique de jugement de valeur qui pourrait nous être adressée, nous avons tant bien que mal pris la précaution d'expliquer les conditions et circonstances d'apparition de ces principes moraux. Il reste que ces derniers étaient le reflet d'une conception du monde, destinés à mettre sur pied un projet de société. Sur le seul plan de l'économie politique, l'Égypte s'est bâtie autour d'un État providence avec un idéal public très élevé, aménageant des infrastructures et organisant l'agriculture et l'industrie pour la satisfaction du plus grand nombre. Une société où le devoir était collectif et la responsabilité individuelle. La terre ne pouvant par exemple pas être l'objet d'une appropriation privée mais relevant de la propriété éminente du Pharaon qui était une institution. Pas de place pour l'individualisme jusque dans les familles où le père, non-autocrate à la mode gréco-romaine, était un gardien de la cellule familiale. Il ne pouvait disposer ni des membres ni des biens de la famille à sa guise.

L'argent qui s'est glissé dans la vie juridique égyptienne de façon subreptice par les conquêtes étrangères, a toujours fait l'objet de méfiance par les habitants qui lui ont toujours préféré le blé (denrée comestible) comme valeur d'échange pour les choses meubles. Pour les biens immeubles régnait l'échange par équivalent. Il n'est pas étonnant que le prêt à intérêt ait été, dès le départ, honni et traité comme une hérésie.

Ces quelques règles suffisent à montrer comment elles sont à l'exact opposé de ce qui fonde aujourd'hui le libéralisme économique qui domine le monde. L'état actuel du monde avec un libéralisme triomphant allant jusque dans ses extrêmes de chosification et de marchandisation de l'être humain, de surdité complaisante à toute avancée scientifique au nom du seul capital et du profit, puise ses racines dans un passé très lointain. Ce triomphe a commencé, à notre avis, à la chute de l'Égypte antique, seule puissance à l'époque qui pouvait, face à la doctrine économique de l'équivalence de tout et toute chose par l'argent (usitée par tous les autre peuples), opposer sa propre doctrine morale qui fondait son droit. Une doctrine morale qui s'opposait à l'abus de force et de position sociale, protégeant les faibles et empêchant l'enrichissement indécent à leurs dépens à l'échelle macro-économique. En lieu et place, un système d'organisation du travail collectif en vue de l'intérêt public dans le cadre d'un socialisme d'État, mot entendu dans son sens le plus noble.

L'Afrique d'aujourd'hui se débat et se démène plus qu'elle ne se bat contre les exigences du système économique mondial qu'elle peinerait à intégrer selon les spécialistes de la science économique. Autrement dit, elle ne parvient pas à s'adapter. Sans se faire l'avocat du diable, il convient de faire justice à cette Afrique en examinant autrement le problème et éviter des explications ethnico-économiques réductrices, souvent teintées de préjugés et parfois même malheureusement défendues par des Africains. En effet, les solutions proposées pour une adaptation à la vie économique dite moderne, relèvent plus de conditions liées à une accumulation primitive de capitaux issus d'un processus ancien d'exploitation non reproductible que d'un quelconque génie en matière de création de richesses. Il ne s'agit pas, comme nous le voyons, de constater et de céder à un fatalisme déterministe.

Pour être plus spécifique, reprenons pour l'exemple le statut de la terre à l'époque pharaonique qui pourrait être mis en corrélation utile avec les préoccupations de développement économique de l'Afrique d'aujourd'hui. La conception que les anciens Égyptiens avaient de la terre, vue comme moyen de production, perdurant chez la majorité des peuples de l'Afrique contemporaine. Ce système authentiquement africain de gestion de la terre, a permis à l'Égypte de construire dès l'antiquité un État doté d'une économie productive et réfléchie. Cette dernière centrée sur l'alimentation publique comme priorité, avait (par le judicieux système d'exploitation, de distribution et d'aménagement des terres arables par les travaux hydrauliques majeurs) impliqué le libre engagement d'une population rémunérée et contribué par une série d'effets induits touchant à la science, à la technologie et à l'ingénierie, au rayonnement d'une civilisation qui continue de fasciner le monde. Il faut ajouter à ce tableau la remarquable stabilité de l'État égyptien sur une période de plus de 3000ans, du fait d'un schéma institutionnel solide largement imité d'ailleurs par ses conquérants étrangers sur le tard comme nous l'avons déjà relevé.

En contraste, nous voyons actuellement une large part des pays africains englués dans une économie de prédation remontant au temps colonial et caractérisée par une exploitation des ressources agricoles, forestières, pastorales, minières ou de la pêche, laissée au plus offrant c'est-à-dire au grand capital souvent en alliance d'intérêts avec des élites locales. Ceci explique aussi le développement croissant du secteur dit informel dans l'économie de ces États en ce sens qu'il est une réponse apportée par une bonne partie des populations écartées des circuits officiels de production des richesses et ne bénéficiant pas de la distribution des revenus. À ce diagnostic, il importe d'incorporer la fragilité institutionnelle avec des protocoles et décorums exprimant plus les dorures de l'apparat que la simple symbolique d'exercice du pouvoir d'État.

L'occasion nous est donnée de voir resurgir le principe de la maât qui s'exerce dans son volet économique de partage équitable des biens à l'échelle nationale, en prolongement de l'idéal de justice sociale et de bonne gouvernance.

L'organisation fondée sur le statut de la terre en Égypte que nous venons de décrire et les propos qui lui sont immédiatement antérieurs, relèvent sans conteste de l'économie politique. C'est un choix voulu parce qu'incontournable dans la quête d'identité que nous poursuivons. Rappelons d'abord à cet égard que l'économie politique est inséparable du Droit puisqu'elle est née des flancs de celui-ci. Il faut ensuite intégrer l'idée que dans ses relations avec le phénomène économique, le Droit ne saurait être relégué au niveau de simple appareil de mise en forme des décisions politiques et de mise en place de ses mécanismes d'exécution. En effet, s'il est vrai que chaque système économique repose sur un régime particulier entrecroisant par rapport aux biens les systèmes de production, d'échanges, de distribution et de propriété, il est tout aussi vrai qu'un régime donné représente aussi bien une institution juridique qu'une structure économique et sociale. C'est bien le Droit qui détermine la structure des relations économiques et sociales autour desdits biens. Ainsi, toute idée ou initiative de transformation d'un système économique passera nécessairement par une révolution du Droit étant entendu que toutes les mesures d'amélioration d'ordre économique ou sociale prendront naturellement la forme de principes et règles juridiques.

C'est donc en posant le problème de cette manière, consistant à prendre pour point de départ la finalité de la règle de droit, que nous croyons fermement que c'est dans le droit égyptien ancien qu'il faut chercher et redécouvrir ces règles et principes structurants pour la situation des pays africains eu égard à l'identité culturelle commune.

L'Égypte ancienne a relevé et résolu en son temps les défis de la nature en imaginant des procédés scientifiques qui continuent de sidérer le monde. À des milliers d'années d'intervalle, elle devance technologiquement bien des États africains à la traîne aujourd'hui.

C'est, armée de son identité propre, que l'Égypte a ébloui le monde et non en se conformant au reste du monde. Ce n'est pas d'un repli identitaire dont on se fait l'avocat. Il s'agit plutôt, en espérant être compris, de « revendiquer son identité » parce que c'est le seul moyen pour un peuple de « redevenir sujet de son histoire »[108]. Nous ne le dirons jamais assez.

---

[108] Voir la préface de Irène Kouassigan (p. 6) dans « Afrique : Révolution ou diversités des peuples » de Guy-A-Kouassigan, Ed. L'Harmattan, Paris, 1985.

CLIN D'ŒIL

Nous ne quitterons pas l'Égypte ancienne et ce travail sans un détour à l'île de Philae (Filae), sauvée des eaux par l'UNESCO lors de la construction du barrage d'Assouan. Elle abrite un temple dédié à la déesse Isis. Ce temple serait le dernier à avoir été bâti par les ingénieurs et ouvriers de race originellement autochtone. Il contient, gravés sur la pierre les derniers caractères hiéroglyphiques écrits par les sculpteurs égyptiens. Étonnamment, avec une belle coïncidence au walaf, à une consonne près, le nom « filae » signifie en égyptien ancien « c'est là où tout se termine » (« filae…m »).

BIBLIOGRAPHIE

Ouvrages généraux, Monographies et Articles

AMELINEAU (Émile), « Prolégomènes à l'étude de la religion égyptienne », E. Leroux, Paris, 1908(2e édition 1916).

ARMENGAUD (André), REINHARD (Marcel R.), « Histoire de la population mondiale », Ed. Montchrestien, 1961.

BAKIR (Abd El-Mohsen), « Slavery in pharaonic Egypt », Cairo, 1952.

BECCARIA (Cesare), « Des délits et des peines » (1764).

BOYE (Abdel Kader), « Ce que dire le droit international veut dire ou comment et par qui s'élabore le droit international », Mélanges Gonidec, Paris, LGDJ, 1985.

Breasted (James Henry), « Ancient Records of Egypt. », 5 volumes, 1906.

CAMARA (Fatou Kiné) :

- « L'union matrimoniale dans la tradition des peuples noirs », en collaboration avec Saliou Kandji, Ed. L'Harmattan, 2000.

- « Pouvoir et justice dans la tradition des peuples : philosophie et pratique. », Ed. L'Harmattan, 2004.

CARRUTHERS (Jacob), « The irritated Genie », Chicago, Kemitic Institute, 1985

CHABAS (François), Mélanges égyptologiques, 3e série, 1874.

DE LA FONTAINE (Jean), « Les animaux malades de la Peste », Les Fables- Recueil II, livre XII, 1678.

DELAFOSSE (Maurice), Delafosse « Sur des traces probables de civilisation égyptienne et d'hommes de race blanche à la Côte d'Ivoire » / Ed 1901 Hachette Livre BnF

DIODORE de Sicile, Livre I in Bibliothèque historique – Livre I, II et III, Ed : Paléo la Bibliothèque de l'antiquité, 2012.

DIOP (Babacar Buuba) :

- « La parenté entre l'égyptien ancien et les langues sénégalaises (le Wolof) in Histoire générale du Sénégal, des origines à nos jours. Tome 1 : Parenté ancienne, Vol 3 : Antiquité- Égyptologie, HGS, Éditions, Dakar, 2019.
- « Sources et Arbitrages des conflits en Égypte pharaonique », Revue sénégalaise de philosophie, no 7-8 juin décembre 1985. NEA, Dakar 1986.

DIOP (Cheikh Anta) :

- « Antériorité des Civilisations nègres », Présence africaine, 1967.
- « Civilisation ou barbarie, Présence africaine, 1981.

- « Philosophie, Science et Religion. Les crises majeures de la philosophie contemporaine », Revue sénégalaise de Philosophie, 1984, NEA.

DIOUF (Ameth), « La gens de droit maternel ou la famille matriarcale », Ed. L'Harmattan, 2016.

DIOUF (Makhtar), « Sénégal : Les ethnies et la Nation », Harmattan (Paris – Dakar), 1994.

GRANDET (Pierre) :

- « Les Pharaons du Nouvel Empire : une pensée stratégique », Éditions du Rocher, 2008.
- « Sous le joug des Pharaons », L'histoire n° 280, octobre 2003.

GRAVRAND (Henri), « La civilisation sérère, PANGOOL, Ed. NEAS 1990.

GRYNBAUM (Luc), NICOD (Marc), « Le solidarisme contractuel », Ed. Economica, 2004.

HÉRODOTE, Livre II in Hérodote, L'Enquête (Livres I à IV) Ed. Gallimard, 1985.

HERY (François-Xavier), « Le grand Livre des Sagesses de l'Égypte- L'Égypte, berceau de l'humanisme », Ed. Ramsay,2008.

KOUASSIGAN (Guy- Adjété), :

- « L'homme et la Terre », Th. Doctorat, Université de Toulouse, 1962.
- « Quelle est ma loi ? », Ed. Pedone, 1974
- « Afrique : Révolution ou diversités des peuples » Ed. L'Harmattan, Paris, 1985.

KRUCHTEN (Jean Marie), « Le Décret d'Horemheb », Bruxelles, Éditions de l'Université de Bruxelles, 1981.

LAM (Aboubacry Moussa), « Origines et héritages lointains des populations sénégalaises : état des lieux » in Histoire générale du Sénégal, Des origines à nos jours Tome I, Vol.3 : Antiquité- Égyptologie, HGS, Editions, Dakar, 2019.

LAM (Cheikh Tidiane), « La modernisation de la Justice au Sénégal : vers la recherche de performance », Éditions L'Harmattan, mars 2019.

MANETHON de Sebytos, Histoire de l'Égypte en 3 Volumes, IIIe siècle av. J.-C.

MENU (Bernadette) :

- « Maât, ordre social et inégalités dans l'Égypte ancienne. De l'apport égyptien au concept gréco-romain de justice » in Droit et cultures, Revue internationale interdisciplinaire, 2015-1.
- « Les rapports de dépendance en Égypte à l'époque saïte et perse », Revue Hist. de droit français et étranger, IVe série, vol. 55, n° 1, 1977.
- « Maât, l'ordre juste du monde », Paris, Michalon (coll. Le Bien commun), 2005.
- « Histoire économique et sociale de l'ancienne Égypte », Volume I- Tome 1, CNRS ÉDITIONS, Paris, 2018.

MINOIS (Georges), « Le poids du nombre : l'obsession du surpeuplement dans l'histoire, Histoire culturelle du surpeuplement » Paris, Perrin, Coll. Pour l'histoire, 2011.

NIANG (Mama Fatou), « l'Afrique cobaye ou le corps noir dans la médecine occidentale » 9 avril 2020.

PLUTARQUE, « Les Œuvres morales. Tome I : Apophtegmes des rois et des capitaines célèbres ».

PLAUTE, « La comédie des ânes », env.195 av. J.-C.

REVILLOUT (Eugène), « Précis de droit égyptien comparé aux autres droits de l'antiquité », Ed Giard et Brière, Paris 1899.

ROGER (Jacques-François), « Fables sénégalaises recueillies de l'Ouolof » Paris, A. Neveu, 1828.

SYLLA (Assane), « La philosophie morale des Wolof », IFAN-UCAD, 1994 (2e édition)

VIREY (Philippe), « Le Tombeau de Rekhmire, Préfet de Thèbes sous la 18e dynastie », Tome 5, fasc. 1, Ed 1889.

ILLUSTRATIONS

I- Visages de Pharaons d'Égypte

II- Justice : Images du Temple de Karnak de l'ancienne Thèbes et de Maât

III- Représentations de l'égalité Homme/Femme à l'époque pharaonique

IV- Quelques scènes de vie quotidienne en ancienne Égypte

Visages de Pharaons d'Égypte

Narmer, 1er Pharaon, 1ere dynastie
Unificateur Haute et Basse Egypte
3150/3100 av JC (Livre Nat. Neg
et cult. CH. A. Diop)

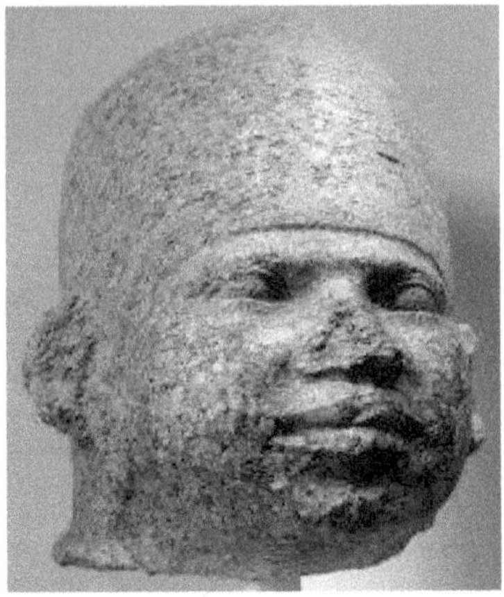

Houni, 3e dynastie env. 2637 à 2613 av JC (Brooklyn Museum)

Barbe postiche

Hatshepsut, 18e dynastie,
1479 à 1457 av. J.C
(Musée du Caire)

Thoutmosis III, 18e dynastie 1457 à 1425 av JC (Musée du Caire)

Toutankhamon, 18eme dynastie 1335 à 1327 av JC (Musée du Caire)

Ramsès II, 19e dynastie 1272 à 1213 av JC (Temple d'Abou-Simbel)

Merenptah, 19e dynastie
1213 à 1203 av JC
(Musée du Caire)

Ramsès III, 20e dynastie
env. 1186 à 1151 av JC
(Museum of Fine Arts, Boston)

Taharka, 25e Dynastie
690 à 664 av. J.-C.
(Livre Anté. Civ. Neg. Ch. A. Diop)

Justice : Images du Temple de Karnak de l'ancienne Thèbes et de Maât

La pesée du cœur à l'aune de la plume de Maât devant le tribunal des dieux, ou jugement d'Osiris. Papyrus d'Ani (British Museum)

Séthi Ier offrant Maât aux Dieux
(Temple d'Abydos)

Déesse Maât
(Temple d'Abydos)

Représentations de l'égalité Homme/Femme à l'époque pharaonique

Isis allaitant Horus
(Walters Art Museum)

Hymne à Isis, papyri d'Oxyrhynque :
« C'est toi la maîtresse de la terre ...
tu as rendu le pouvoir des femmes égal
à celui des hommes. »

Quelques scènes de vie quotidienne en ancienne Égypte

Scène de pêche

Scène d'agriculture

Pétrissage de la pâte de pain

Travaux de maçonnerie

TABLE DES MATIÈRES

Structures éditoriales du groupe L'Harmattan

L'Harmattan Italie
Via degli Artisti, 15
10124 Torino
harmattan.italia@gmail.com

L'Harmattan Hongrie
Kossuth l. u. 14-16.
1053 Budapest
harmattan@harmattan.hu

L'Harmattan Sénégal
10 VDN en face Mermoz
BP 45034 Dakar-Fann
senharmattan@gmail.com

L'Harmattan Cameroun
TSINGA/FECAFOOT
BP 11486 Yaoundé
inkoukam@gmail.com

L'Harmattan Burkina Faso
Achille Somé – tengnule@hotmail.fr

L'Harmattan Guinée
Almamya, rue KA 028 OKB Agency
BP 3470 Conakry
harmattanguinee@yahoo.fr

L'Harmattan RDC
185, avenue Nyangwe
Commune de Lingwala – Kinshasa
matangilamusadila@yahoo.fr

L'Harmattan Congo
67, boulevard Denis-Sassou-N'Guesso
BP 2874 Brazzaville
harmattan.congo@yahoo.fr

L'Harmattan Mali
ACI 2000 - Immeuble Mgr Jean Marie Cisse
Bureau 10
BP 145 Bamako-Mali
mali@harmattan.fr

L'Harmattan Togo
Djidjole – Lomé
Maison Amela
face EPP BATOME
ddamela@aol.com

L'Harmattan Côte d'Ivoire
Résidence Karl – Cité des Arts
Abidjan-Cocody
03 BP 1588 Abidjan
espace_harmattan.ci@hotmail.fr

Nos librairies en France

Librairie internationale
16, rue des Écoles
75005 Paris
librairie.internationale@harmattan.fr
01 40 46 79 11
www.librairieharmattan.com

Librairie des savoirs
21, rue des Écoles
75005 Paris
librairie.sh@harmattan.fr
01 46 34 13 71
www.librairieharmattansh.com

Librairie Le Lucernaire
53, rue Notre-Dame-des-Champs
75006 Paris
librairie@lucernaire.fr
01 42 22 67 13

www.ingramcontent.com/pod-product-compliance
Lightning Source LLC
LaVergne TN
LVHW010940051026
849532LV00003B/1072
* 9 7 8 2 3 4 3 2 1 3 3 4 7 *